非民主主義の政治学

石井貫太郎 著

ミネルヴァ書房

自分の子どもを所有物だと思ってはならない。
彼らは来たるべき種の始まりなのだから。

デビッド・ボウイ
「オー！　ユー・プリティー・シングス」（1971年）

まえがき

残念ながら、民主主義が溶解する危機の時代を迎えている。非民主主義の侵蝕は、真綿で首を絞めるがごとき態様で民主国家を包囲しつつある。すでに全世界の4分の3以上の国々は、独裁主義や権威主義などの非民主主義体制の国家であり、全世界の人口の80パーセント以上の人々が、そのような非民主主義体制の国家の国民として生活している。中国、ロシア、北朝鮮、イランだけではない。世界の中で、われわれ民主主義国は圧倒的な少数派なのである。この厳しい現実を、われわれ日本国民はもっと知るべきであろう。

なぜ、世界の国々はみなが民主主義体制にならないのだろうか。現実は、むしろ逆に、非民主主義体制の国家がその数を増加させている。それどころか、そもそも民主主義は本当に独裁主義や権威主義よりもすぐれた政治制度であるのだろうか。

本書の役目は、この非民主主義という政治体制の本質を、より一般的な知識とするための契機を提供することにある。同時に、それはわれわれ民主国家の国民がすでに知っているはずの民主主義の本質を改めてしっかりと理解し、その長所や短所などの知識不足を補う思考作業ともなる。

かの天才軍略家・孫子いわく「敵を知り己を知れば百戦して危うからず」。われわれは非民主主義の国々を知り、同時にまた、われわれ自身の民主主義を知ることで、はじめて国益を守る外交政策を遂行できるのである。

なお、本書の企画は、多くの方々のご指導とご支援によって実現した。特に、株式会社ミネルヴァ書房の杉田啓三社長と編集部・浅井久仁人氏のご厚意とご尽力に心から御礼申し上げたい。言うまでもなく、本書への賛辞はこれらの方々のものであるが、有り得るべき誤謬はすべて著者1人に帰するものである。

2024年7月

石井貫太郎

非民主主義の政治学　目次

第2章　侵蝕（erosion）：独裁主義の挑戦

第3章　誘惑（temptation）：権威主義の罠

序　章　危機（crisis）：溶解する民主主義

世界中に独裁主義（dictatorship）や権威主義（authoritarianism）など、非民主主義（undemocracy）の政治体制の国々があふれている。よく知られる中国、ロシア、北朝鮮、イランだけにとどまらない。残念ながら、民主主義諸国は圧倒的な少数派である。こうした厳しい現実を、われわれ日本国民の多くがもっと知るべきである。われわれにとって民主主義は当たり前で、他の国々も大なり小なりそういうものだと理解している。しかし、実際には、全世界の4分の3以上の国々は非民主主義的な政治体制の国であり、全世界の人口の80パーセント以上の人々は、そのような非民主主義的な国家の国民なのである。おまけに、世界各地で非民主主義国の数は増えている。残念ながら、今や民主主義が溶解する危機の時代が到来したのである。その侵蝕は、真綿で首を絞めるがごとき態様で民主国家を包囲しつつある。

国際社会で生きていく国家の国民として、この認識不足と誤解は致命的である。グローバル化した現代では、できるだけ多くの国々としっかりとした外交関係を成立させていることが国家の存立条件となるのだが、自国の国力を維持、増進させるための経済活動に必要なモノ、カネ、ヒト、情報は、相手国の政治体制を選ぶ余裕を与えてはくれない。

今やわれわれ民主主義諸国の国民が、同じような民主主義的な国の国民とだけ付き合うことで国家の運営が成り立つ時代は過去のものとなった。われわれは、非民主主義体制の国々とも付き合わなければ国益を守れない。それどころか、われわれは、未来永劫、あらゆる分野で常に彼らよりも優位に立ち続けなければ安全保障を確立できないのである。

その対策は、たった一つである。いにしえの天才軍略家・孫子は言った。「敵を知り己を知れば百戦して危うからず」と。相手がどのような国であり、そこに住む国民がどのような人々であるのかを知り、「そういう国であり、そういう人々なのだから」とわかった上で、自己の国益を守るように行動選択していくしかない。

それでは、非民主主義とはどのような政治体制であるのか。それを学ぶことは、同時に民主主義とは何かを学ぶことを意味する。逆に言えば、非民主主義をよく知らないということは、実は民主主義をよく知らないということを意味している。われわれ日本国民は、長らく民主国家の国民でありながら、本当は民主主義をよく知らなかったのである。果たして民主主義は、本当に非民主主義よりもすぐれた政治体制なのであろうか(1)。民主主義を知るために、そして、外交で好むと好まざるとにかかわらず付き合わねばならない相手国を知るために、まさにわれわれは、非民主主義の本質を学ぶ必要がある。

およそその過程で、われわれが見出す知見は、非民主主義と民主主義の双方に対する誤解であり、神話である。そして、その最たるものは、非民主主義体制とは独裁者や少数の統治エリートたちが強制的に作り出すものではなく、実は当該国の国民が自ら望むことによって生み出される政治体制であるという現実である。また、民主主義という理念は正しいにもかかわらず、その本質に対するわれわれの理解と実現手法が間違っていたといういずれも残念な事実に他ならない。

1　非民主主義体制の種類

ところで、現代の世界には、独裁国家、民主国家、そしてその中間で民主国家から独裁国家へ向かっている過程の権威主義の国々がある。近年、残念ながら多くの開発途上国や新興国が現状の国際情勢に対応して集権化しているからである(2)。ところが、こうした独裁主義や権威主義などの非民主主義国からの侵蝕を受けているわれわれ民主主義国の国民、とりわけ日本国民の中で、非民主主義というものの本質をしっかりと理解している人々は残念ながら稀少である。要するに、非民主主義の国家とはどのような体制の国であるのか、そこで生活する国民がいかなる考え方の人々であるのか、またどのような生活をしているのか、それをよく知る人間が少ないのである。

一般に政治学では、民主主義ではない非民主的な政治体制の中で、世襲の王侯貴族やエリート階級による支配を「専制政治（autocracy）」と呼び、民衆と同じ階級から出てきた独裁者や統治者集団による統治の思想を「独裁体制（dictatorship）」と呼び、個人の権利や利益を抑圧して国家全体の利益を優先する体制を「全体主義（totalitarianism）」と呼び、それよりもある程度は反体制的な思想や活動の多元性に融通を効かせる体制を「権威主義（authoritarianism）」と呼んでいる(3)。

しかし、果たしてこのように厳密な政治体制の区分、とりわけ用語や概念の詳細な定義がどれほど意味のある作業なのだろうか。なぜなら、被支配者たるわれわれ国民にとっては、１人の独裁者もしくは少数の統治エリートたちの勝手な決定に有無を言わさず力づくで服従させられるという意味では、まったく同義だからである。要するに、専制だろうが全体だろうが、すべては非民主主義であり、独裁主義の政治体制なのであって、むしろこれらの用語や概念の過剰とも言うべき厳密な区分けや定義が無用な多義性や難解さを生み出し、こうした非民主主義的な政治体制の本質を理解するわれわれの思考作業を妨げる要因となってきたのではないだろうか。

つまり、これらの区分は支配者側が国民に示すための自己の権力的地位の正統性の根拠や思想的またはイデオロギー的な正当性の根拠として設定したものにすぎず、あくまでも支配者側の視点から見た都合のよい方便となっているのではないか。むしろわれわれが必要としている社会科学の知識とは、このようなものではなく、あくまでも被支配者の視点からの議論ではないだろうか。よって、こうした区分けや定義が厳密さや詳細さを深めるほど、その分だけわれわれの理解に弊害をもたらす要素となる可能性が高い。あるいはそうした被統治者の視点が欠落しているところに、他の社会科学の用語、たとえば経済成長や国民所得などの経済学の用語が広く一般的な理解を得て活用されているのに対して、政治学や国際関係論の用語が比較的一般化しない原因があるのかもしれない。

2　非民主主義体制の定義

そこで、本書ではまず、下記のように明確かつ簡潔な定義をする。すなわち、１人の独裁者もしくは少数の独裁的な権力をもつ統治エリート集団によって政策決定がなされ、国民がそれに反対することが許されない政治体制を独裁政治（dictatorial politics）と呼ぶ。これに対して、多くの国民の包括的な意思として政策決定がなされ、基本的な秩序が保持される範囲内ではそれに反対することが認められている政治体制が民主政治（democracy）である。そして、これら対極にある両者の中間に位置し、原則として独裁的な政治が行われているが、ある程度の自由かつ多元的な思考や活動が国民に許容されている政治体制を権威主義体制と呼ぶ。その意味で、独裁政治と権威主義の境界は単なる程度の差であり、もっぱら曖昧であるがゆえに融通を効かせた理解をすることが可能な用語となる。

要するに、権威主義は民主主義と独裁主義の中間形態であり、民主主義が独裁化していく過程の途上にある政治体制となる。したがって、権威主義は独裁主義というコンセプトの中に含まれる政治体制であり、独裁主義の一種と考えることができる。換言すれば、国民の思考や活動に可能な限り自由が保障されるべきであると考える民主主義と、あくまでも国家や社会の体制維持が優先される範囲内で非常に限定された自由しか与えるべきでないという独裁的な政治体制、すなわち、独裁主義よりはもう少し自由を与えて国民のガス抜きをしつつ独裁的な政治体制の維持をはかろうとするのが権威主義体制となる。そして、本書では、ここで言う独裁主義と権威主義をあわせて非民主主義と呼ぶことにする。

なお、以上のような基本用語の定義により、派生用語の定義もまた自動的に進む。まず、政治体制が独裁政治の状況になっている国の体制を独裁体制（dictatorial system）と呼び、そのような政治体制の国を独裁国家（dictatorial state）と呼ぶ。そして、民主政治よりも独裁政治を良いものとして評価し、それを政治的決定の作成過程の原則として、自身をより徹底した独裁国家として確立しようと努力するにとどまらず、こうした考え方を他国にも伝播させようという思想を独裁主義（despotism）と呼ぶ。すなわち、非民主主義とは単に民主主義ではないという意味にとどまらず、民主主義よりも非民主主義の方が優れた政治体制であり、それを自国だけでなく他国にも伝播させようという思想を意味している。その意味で、非民主主義は反民主主義（anti-democracy）である。

なお、この他にも非自由主義的民主主義（illiberal democracy）という用語も存在するが、これは表向きは民主主義体制、特に議会制民主主義を採用する国家であるにもかかわらず、その実、選挙制度をはじめとする様々な領域における法規的および超法規的な政策手段を用いて国民の自由や人権を制限し、実際には少数の統治エリート集団による決定に国民を誘導する抑圧的な政治体制のことであり、その意味でこれは権威主義の一形態となり、その範疇の中に位置付けるのが妥当となるであろう。

3　本書の構成

以上のような定義に基づいて、以下、本書では、まず非民主主義体制の本質、すなわち独裁主義と権威主義の本質を検討した上で、それらの論理と民主主義の論理とを比較考察しつつ、非民主主義国からの侵蝕と威圧を受けているわれわれ民主主義国の再生の活路を探索していくことになる。すなわち、より具体的には下記のようである。

第1章「陥穽：非民主主義化の落とし穴」では、民主主義国が非民主化する要因について検討する。なぜ独裁主義国や権威主義国が誕生するのか、なぜ民主主義国が独裁主義や権威主義に移行する必要が出てくるのか、その理由を探究するための分析的枠組を設定する。

第2章「侵蝕：独裁主義の挑戦」では、独裁者や独裁政治の基礎知識を整理した上で、独裁国家の成立とその運営方法、長所や短所、民主化への視座などを検討しつつ、独裁国家がどのようなものであるのかを検討する。

第3章「誘惑：権威主義の罠」では、権威主義国の政治体制を構成する政治主体、その運営方法、長所や短所、さらに独裁化していく要因などを探求しながら、権威主義国がどのようなものであるのかを検討する。

第4章「脆弱：民主主義の病理」では、そもそも民主主義の本質とは何かを改めて確認した上で、独裁主義や権威主義と比較して何が長所で何が短所なのかを探求しつつ、道義的かつ機能的には正しい理念であるはずの民主主義が、それを実現、運営するわれわれの方法が誤っていたことを自省する。

第5章「代償：民主主義の再生」では、われわれが民主主義体制の運営を間違ったやり方で遂行してきた代償が、非民主化、すなわち独裁化や権威主義化であることを確認した上で、民主国家が民主主義を守るために何が必要であるのかを、政治参加、すなわち選挙におけるわれわれ有権者の投票行動の動向を中心に検討する。

なお、この種のテーマに関する学術研究の守備範囲としては、ここで検討する政治体制の構造や機能の視点に加えて、独裁者の人物研究や当該国家の経済戦略などに関する議論が必要であろう。前者は、いわゆる政治的リーダーシップの議論である。(4) また後者は、いわゆるエコノミック・ステートクラフトの議論である。(5) しかし、こうした研究については筆者に別書の業績があるため、本書では詳細な議論は割愛する。

注

(1) 独裁政治に関する代表的な文献には、猪木（2019）、シュミット（1991）、ノイマン（1998）、ムーア（2019）、三宅（1984）、フレヴニューク（2021）などがある。

(2) 民主主義が権威主義化して独裁国家へ近づく問題に関する文献には、ダイアモンド（2022）、ハプルボーム（2021）、フロム（1952）、ハイエク（2008）、リンス（2020）などがある。

(3) 権威主義に関する代表的な文献としては、リンス（1995）アドルノ（1998）、ホルクハイマー（2003）、フランツ（2021）、岡本（2004）、曽良中（2004）などがある。

(4) 政治的リーダーシップの理論および米ソ冷戦時代の両国の政治指導者たちの資質分析については、石井（2004）を参照せよ。

(5) エコノミック・ステートクラフトの理論的検討は、石井（2016）に詳しい。

第1章　陥穽（pitfall）：非民主主義の落とし穴

1 政治権力の本質

なぜ民主主義は独裁主義や権威主義からの挑戦に勝てないのだろうか。なぜ民主主義が権威主義化し、さらには独裁化してしまう事例が多いのだろうか。民主主義が陥る非民主主義の落とし穴とはどのようなものであるのだろうか。ここではまず、そもそも政治権力の源泉や手法とは何かを確認した上で、その政治権力を用いて作り上げた政治体制である非民主主義を理解するための分析視角を整理する。同時に、それは民主主義と非民主主義とを比較考察する分析的枠組の設定作業となる。

威嚇・報償・条件づけ

ところで、非民主主義を論ずる前提として、そもそも政治権力の本質とは何かを確認しておかなければならない。ここで政治権力の本質とは、権力的地位にいる者の意思が他者の意思や行動を支配する強制力であり、その手法は威嚇権力、報償権力、条件付け権力の3つである。(1)

威嚇（threat）とは、権力者の意思に従わない当該国民を処罰する脅迫行為である。報償（reward）とは、権力者の意思に従順な当該国民に得をさせる利益付与である。そして条件づけ（condition）とは、威嚇や報償のような直接的な強制ではなく、被支配者たる国民が自ら強制されていることを自覚することなく自然に権力者の意思に従う精神的かつ物理的な環境である。

威嚇権力を裏付ける基盤としての要素は、主として権力者の個人的資質であり、為政者に特別なイメージを与えるカリスマやヒーローはその一種である。報償権力を裏付ける要素は、主として権力者の経済力であり、彼もしくは彼女を支援する財政的な基盤となる企業や産業などの独占資本である。そして、条件づけ権力を裏付ける主たる要素は、当該国の歴史などの伝統、地政学的な要素、法律などの制度、政党などの組織に加え、権力者の統治に正当性を与えるための思想やイデオロギーなどである。(2)

威嚇権力の主たる手法は、警察や軍隊などの物理的強制力を用いた国民生活の統制である。報償権力の主たる手法は、経済発展、インフラ整備、年金や叙勲などの福祉や社会保障の政策である。なお、この両者はいわば古来から言われるアメとムチの手法に他ならない。また条件づけ権力の手法は、思想統制、イデオロギー教育、プロパガンダ、イベントなどを通じたマインドコントロールであり、国民に選民意識を醸成させる手段である。

なお、独裁政治であれ民主政治であれ、現代国家の支配者たる為政者は、いずれもこれら３つの権力を組み合わせて被支配者たる国民を統治するが、特に現代国家では、３番目の条件づけ権力が有効に機能しているかどうかが当該国の権力基盤の強靭性や脆弱性を測る指標となる。条件づけ権力に従う被支配者の意識は、内面倫理の規範や他人志向型の行動原理であり、権力者は国民に政治的無関心や思考停止の状況を作り出し、より統治しやすい支配体制を創出することになる。(3)

■天才・秀才・凡才

ちなみに、ここで非民主主義体制における為政者たちにとっては、創造性を発揮する天才型の人間は自己およびその支援集団の人間以外には不要であるばかりか危険分子となる可能性が高いため、排除や粛清の対象となる。独裁者や統治エリートたちは、彼もしくは彼女らに従順で手足となって働く再現性を重視する秀才型や、他者との共感性を求める凡才型の国民を拡大再生産するための人材育成システムを確立しつつ、政治体制の基盤を強化することになる。再現性は過去の栄光であり、共感性は共通の敵の設定である。前者はプロパガンダやイベントによって、後者は対外的な強硬外交によって意図的に作り出される(4)。

2 非民主主義の分析視角

次に、本書の以下で非民主主義体制を検討する際に用いる分析視角を整理する。

■成立要因

第1に、当該政治体制がいかなる要因によって発生するのか、その成立要因を検討しなければならない。これには、その政治体制の土壌となる当該国家の歴史的要素や文化的要素の検討も必要となる。とりわけ、そうした体制を望む国民の意識や気質という要素は、およそ最大の重要な要因となる。

▒構成主体

第２に、当該政治体制がいかなる政治主体によって構成・運営されているのか、どの主体が支配的地位を占めているのかが検討されなければならない。国によっては、それが政党であったり、官僚組織であったり、宗教団体であったりなど、さまざまな特徴がある。たとえ前面に出ているのは独裁者や統治エリートのみであったとしても、その人物たちを支える権力基盤の組織が有力な政治主体として存在しているのが道理である。およそ、その多くは軍隊や独占資本、すなわち物理的強制力や経済的資金源に関わるものであろうが、外国勢力からの支援による傀儡政権の場合もある。

▒管理手法

第３に、当該政治体制を運営する国家の管理手法に関する検討が必要である。そこでは、単なる軍隊や警察などの物理的強制力だけでなく、教育制度、司法制度、経済体制、外交政策などの特徴を検討する作業が守備範囲として含まれる。特に、国民が平素より生活のために従事する労働環境に関するもの、たとえば企業、業界団体、労働組合などによる監視や統制もこのカテゴリーに入る。

▒国民生活

第４に、当該政治体制によって国民がどのような生活、主として政治的動物としての生活をしているのか、国家が国民をどのような存在として認識し、また扱っているのかを検討する必要がある。また、その体制に対する国民の異議申し立てや反体制活動などがどれほど許容されているのかも重要な要素である。より具体的には、学校生活や軍隊への徴兵、警察の取り締まり、監視体制、司法制度、人材査定の評価基準などである。

持続要因と崩壊要因

第5に、当該政治体制が成立し、運営される過程において、どのような変化が起こり、いかなる要因がその崩壊を招くのかを検討しなければならない。それらは同時に、いかなる要素が当該体制をも続させるのかを検討する作業ともなる。こうした要素がどれほどの強靭性があるのかが、その体制自体の強靱性を左右する。軍事的脅威、経済発展、国民の意識変化、イデオロギー的要素などがこれに該当する。

対策方針

最後に、われわれ民主国家の国民が、特定の政治体制、主として独裁主義や権威主義などの非民主主義体制の国家にいかに対応すべきであるのか、やるべきこととやるべきでないこと、効果的なものとそうでないもの、効率的なやり方と非効率なやり方など、種々の検討が必要である。よって、この課題はいわば付き合い方の科学的検討である。いわゆる外交政策のみならず、軍事戦略や経済交流などの分野も検討の対象となる。

敢えて繰り返すが、今や民主国家が民主国家とだけ付き合うことで国力の維持・増進を実現できる時代は過去のものとなった。われわれは、われわれと同様の政治体制の国々とともに、われわれとは異なる政治体制の国々、独裁主義や権威主義の国々とも交流しなければならない時代に生きている。それは経済のグローバライゼーションが作り出してしまったアリーナに他ならない。したがって、われわれはその相手国の論理たる非民主主義を学ぶ必要がある。それは同時に、われわれ自身の政治体制である民主主義の長所や弱点を確認する思考作業でもあり、自省作業ともなる。

注

（1）支配者の権力に関する幾多の業績の中で、ガルブレイス（1984）に示された三つの種類は最も明瞭で端的な概念である。

（2）ヴェーバー（2012）の支配の諸類型（合法、伝統、カリスマ）は、権力の正当性の根拠としてあまりにも有名である。

（3）集団の構成員である人々の行動規範が古代の伝統的志向型から中世の内面的志向型を経て現代の他人志向型へと変遷してきた過程を指摘したのはリースマン（1964）であった。

（4）現代日本における過度の平等主義的思潮が生んだ差別狩り風潮の中にあって、北野（2019）はこうした論理を明快に説く勇気ある論評と言える。

第2章　侵蝕（erosion）：独裁主義の挑戦

1　独裁国家の成立要因

非民主主義の典型として取り上げる代表的な政治体制は、言うまでもなく独裁主義である。独裁は、国民の自由と人権を制限・剝奪する最も典型的な政治形態であり、ドイツのナチズムやソ連のスターリニズムなど、過去の歴史においてもさまざまな事例がある。ところが、数多の批判を受けながらも、独裁国家は絶滅しないどころか、むしろその数を増加させている。ここではその原因へ肉薄するために、独裁国家の成立から運営までの過程を総合的見地から分析する。

(1) 第1段階・独裁国家を生み出す土壌

ところで、独裁政治はどのようにして生まれるのだろうか。独裁政治を生み出すもの、つまりその最大の要因は、当該国の多数派の国民が独裁政治を求める気風である。すなわち、意外にも独裁政治は国民の需要によって生み出される体制に他ならない。

実のところ、こういう指摘をすると多くの反論を招く可能性があるだろう。けだし、そんなことはない、独裁政治を望んでいる人間などいるはずがないというわけである。また、政治学にも、一定以上の人数の社会集団では必ず1人もしくは少数の支配者が生起するという理論もある。

寡頭制支配の鉄則

たとえば、政治学の基礎理論の一つに「少数による多数の支配の原則＝寡頭制支配の鉄則（iron law of oligarchy）」というものがあり、少人数の方が意思決定や行動が迅速で徹底されるから、大集団の中では必然的に特定の少人数の集団が統治者となり、それ以外の多数派の人々は意思決定や行動の迅速性や包括性が比較的緩慢であるため、被支配者となってしまうというものであり、古代ローマの事例やミヘルスの理論に代表される。(1) こうした考え方に立脚すれば、独裁政治は人々の要請ではなく、このような社会システムとしての集団自体が内包する構造的かつ機能的な要因によって生まれやすいということになる。

しかし、もちろん少人数による多数派の支配が集団の構造的かつ機能的な必然であるのは事実であろうが、その少人数の決定に多数派が強制的に隷従させられるところに独裁政治の本質がある。したがって、独裁体制が生み出されるためにはこうした要因とともに集団の構成メンバーの人為的かつ心情的な欲求の要因、いわば需要の存在が決定的に必要となる。特に、近年における民主主義国の権威主義化や独裁化の背景には、それまで国是としてきた民主主義体制への疑念や失望という要素が大きく影響している場合も多い。つまり、民主主義が良い体制としてそれを運営してきたが、期待したほどの成果、たとえば生活水準の向上や国力の増進を実現することができず、同時に、良い思いをして儲かるのは資本家やその手先である為政者や官僚などのエリート階級ばかりであり、結局、自分たち国民が損な役回りばかり押し付けられてきた不平等構造を所詮は是正できないじゃないかという認識である。

すなわち、独裁の本質とは1人の独裁者もしくは少数の支配者集団が有する一般に有能とおぼしきスキルにそれ以外の多数の人々が頼る意識から生まれる政治体制である。したがって、人々が社会的な「難問」や「危機」に直面した時、その対応をある特定の人々の技量だけに頼って解決しようとする場合に独裁政治が生まれるのである。これは、一般的にはもう少し柔らかい言葉で「有能なリーダーによる強力なリーダーシップを求める気風」と言われる現象に他ならない。ここで、後者は迅速な政策決定と包括的なモノ、カネ、ヒト、情報の資源動員を意味し、前者はそれを実行できる能力を有する人物を意味している。

したがって、まずはその「難問」がどのようなものであるのかを整理する必要がある。しかる後に、その「難問」への対応を1人の独裁者もしくは少数の独裁的集団の人間のスキル、つまりは有能なリーダーの出現と強力なリーダーシップの発揮に期待し、それに頼りやすい要素を検討しなければならない。

【社会的な難問を生み出す要因】

国際関係の変動

まず、社会的な難問を生み出す要因として考えられるのは、第1に、国際関係の変動である。国際関係が固定的で安定している時には、各国は国内の内政にエネルギーを傾注することができるが、国際関係が流動的で不安定な場合には、各国は内政と外交の双方にエネルギーを傾注しなければならず、より迅速な政策決定とより包括的な資源の動員や効率的な配分が可能となる独裁主義への依存度が高まると言える。

▒地政学的な要因

第２に、当該国家が置かれている地政学的な要因である。当該国家が隣接または近接する場所に大国や敵対国がいる場合には、その国はより迅速な政策決定とより包括的な資源動員が可能となる独裁主義への依存度が高くなるが、そうでない時には、比較的慎重な政策決定と限定された資源動員をすればよいことになる。要するに、危機意識が高い状況であるかどうかがその分かれ目となる。

▒社会変動や自然災害

第３に、社会変動や自然災害による混乱なども、政治体制の変容にとって重要な要因となる。こうした事態の下では、やはり迅速な政策決定と包括的な資源動員が必要となり、独裁化を招きやすい状況となる。しかし、このような社会的な混乱が起こっていない場合には、比較的融通を効かせた緩慢な統治が許されるわけである。

【独裁主義を生み出す要因】

■歴史的土壌

次に、独裁主義を生み出しやすい国家の特徴、すなわち、こうした「難問」に直面した時に、有能とおぼしき1人もしくは少数の集団のスキルに頼りやすい国家の特徴である。その第1は、歴史的な土壌である。特に、その国の国民が市民革命を経験しているかどうか、市民革命なき近代化、たとえば社会主義革命や軍事クーデタなどによって近代化や建国が成されているかどうかは、決定的な要因の一つである。社会主義革命や軍事クーデタは、共産党や軍部という前衛エリートによって上から先導された革命であり、体制移管であるから、一般の庶民レベルの国民が自身の力で権力者から政治的権利を奪取する下からの市民革命の経験とは、政治意識の進化過程において決定的に異なる経験だからである。

これに加えて、重要な歴史的要因として指摘しなければならないのは、いわゆる封建体制（feudal-ism）の時代を長く経験したかどうかという点である。よく誤解されていることであるが、封建体制とは、自分の直属の上司にのみ忠誠を誓う体制である。そして、その上司はさらに自分の直属の上司にのみ忠誠を誓うという階層構造の政治体制である。たとえば、江戸時代の日本では、大名家の家臣たちはあくまでも自分が所属する大名家のお殿様にのみ忠誠心をもち、それを飛び越えて将軍家や天皇陛下に忠誠心をもつことはなかった。そうした時代を265年間も経験した後、明治維新によってようやく中央集権国家となったわけであるが、江戸時代には、もし大名と将軍が対立する事態となれば、家臣は自分の上司である大名の側につくのが当然であった。したがって、ここから生起する政治体制は必然的に地方分権的な政治体制となるから、こうした時代を経験した国民は、隅から隅まで1人の独裁者が仕切る国家体制には馴染みにくい気質をもつことになる。逆に、封建体制を経験しなかったり、あるいは短期間の封建体制しか経験せず、すぐに絶対王政などの中央集権体制となった国の国民は、独裁主義に陥りやすい気質をもっていると言える。

▒社会的文化的風土

第2に、社会的文化的な風土を指摘できる。自分に力がない場合には、自分よりも上位の人間に逆らわずに隷従するのが当たり前だという風土は独裁政治を生みやすい。こうした風土が、一般に社会慣習と言われるものに始まり、さらにはそれを土台として社会的な価値観や倫理観が形成されてくると、そこに独裁主義を生み出す社会的な土壌が形成されることになる。いわゆる集権主義的な統治に合っている国なのか、あるいは分権的な統治に合っている国なのかが、こうした要素によって決定される。要するに、どちらが正しいか正しくないか、いずれが正義か不正義かの問題ではなく、合っているか合っていないかの適合性が問題なのである。合っている場合には、そこに独裁主義を受け入れやすい構造や状況が準備されてしまうのである。

国民気質

第3に、そうした風土から生み出される国民の気質も重要な要因である。ここでもまた、社会問題の対策を少数の有能な人々のスキルに頼って解決してもらおうという気質は独裁者を生み出しやすい。上記と同様にして、一般に社会慣習と言われるものから、さらにはそれを土台にこうした価値観や倫理観が形成されてくると、そこに独裁主義を生み出す社会的な土壌が出現することになる。これもまた、いわゆる集権主義と分権主義のいずれが合っているかどうかを決定する重要な要素であり、前者に合っている国民の気質は独裁化の風潮を助長することになる。

経済体制

第4に、当該国の経済体制が資本主義か社会主義かという要素も、独裁政治が生み出される可能性を決定する要因の一つである。たとえば、当該国の経済状況が停滞した時に計画経済を施行する社会主義経済では、それはすべて国家＝政府の責任に帰することとなるが、資本主義経済では国家だけでなく、企業、産業、景気変動の波など、多様な主体にその責任を分散することができる。したがって、社会主義経済下では政策の失敗が国家＝政府への不満となる傾向が強く、よって国家としての秩序を維持するために、政府への反発を抑え込むシステムとしての独裁政治が強化される傾向が生み出される。

▒民主主義の失敗

第５に、民主主義の失敗という認識である。すでに指摘した自然災害や経済停滞など、社会的な難問が民主主義体制下において深刻化した場合には、それは公的および民間のさまざまな対処の努力の結果として、すなわち、残念ながら起こるべくして起こった失敗なのであり、本来ならばその責任を即座に民主主義という体制自体に着せることは論理的でないということを人々が自覚している。しかし、そこへ独裁主義の野心を有する個人や組織が介入し、プロパガンダによって国民を感情的に煽動すると、あるいは国民の理性が揺らぎ、その意識が本来の原因ではなく「民主主義ではダメだ」「民主主義だからダメだ」という世論の方向へ誘導されてしまう危険性がある。いわゆる「民主主義の失敗（democracy failure）」という状況である。

▒他力本願的な社会風潮

第６に、国民の気質と国民の意識の相乗効果としての社会風潮である。つまり、民主主義の失敗という社会認識に人間のスキルに頼る国民気質の感情が作用すると、例によってそこには民主主義による執政よりも「有能なリーダーによる強いリーダーシップによってこの難局を乗り切ってもらいたい」などという他力本願的かつ安易な風潮に侵食される状況が生起する。そうなると、当該国家が選挙などの民主的かつ合法的かつ平和的な手法を通じた自然な流れとして独裁国家へと変貌する可能性がある。古くはナチスドイツから、今日のラテンアメリカ諸国に至るまで、このような歴史的事例は数多く存在する。これこそが「国民が自ら望んで独裁国家となる」という典型的な論理と言える。

なお、最終的にはここで指摘した諸要因が組み合わさり、当該国の多数派の国民がすでに指摘したような有能なリーダーや強力なリーダーシップを求める気風をもつことが独裁政治を生み出す直接的かつ決定的な契機となる。また、こうした要素は相互に連関しており、複数の要素が有機的に連動して独裁国家を誕生させる契機となる。よって、どれか一つが実施されればその影響でドミノ倒し的に独裁体制が生まれる危険性がある。

すなわち、どのような歴史的な経験を積んできた国であるのか、それによっていかなる社会的文化的な風土や国民の気質が形成されている国であるのか、こうした事情によってその国にどのような社会の慣習があるのか、さらにはその中で国民がいかなる価値観や倫理観で武装することになっているのか、これらの事情が重層的かつ階層的に複雑な連関構造を形成しており、そこで分権主義よりも集権主義が合っている国では独裁政治が生み出されやすいと言える。なぜなら、そもそも価値観とは、何が良くて何が悪いのかの善悪の判断を決める基準であるから、1人もしくは少数の有能な人々に任せた方がよいと考える人々にとっては、みんなで決める民主的な決定方式を善しとする判定基準がもともと思考回路の中に存在しないからである。

(2) 第2段階・独裁的な権力基盤の確立

独裁国家の成立過程の第2段階は、独裁者および独裁的な権力を有する統治エリート集団が自己の権力基盤を確立する時期である。

権力闘争

第1に、権力闘争である。独裁者が権力的地位について最初にすることは、ライバルとの権力闘争であり、反対派の排除や粛正である。これは、いわゆる威嚇権力の基盤の整備である。また、独裁政治の大きな特徴の一つは情報統制であるが、それはいずれの国でもこのあたりの段階から強化される傾向がある。なぜなら、権力闘争は非人道的な手段を用いた虐殺や粛正を伴なうため、国民にそのような情報が伝わると独裁者にとってはマイナスイメージとなるからである。そこで、支配者に都合のよい情報だけを国民に知らせ、都合の悪い情報は一切開示されないように国家が統制して言論を弾圧するのである。

経済成果

第2に、経済発展の実績作りである。独裁者は自己の権力的地位に対する国民の支持を得るために、経済発展の実績を上げることに専心する。この場合、同時に自身の経済的支援の基盤となる独占資本の育成もおこなう。これは、いわゆる報償権力の基盤の整備である。独裁国家は集権主義的な国家体制を確立するので、そのほとんどが社会主義経済体制を採用しているため、計画経済政策を通じた主として鉄道、港湾、空港、道路、学校、病院、電気、水道、ガスなどのインフラストラクチュア（社会資本）を整備し、失業率の軽減と国民の社会生活の充実を実現し、支持率の向上と権力の拡大を目指していくことになる。なお、こうしたインフラ整備の土台として、警察組織の拡充による犯罪防止や治安維持の強化がそれを支えるのであるが、そこでは国民生活の安全確保にとどまらず、反体制派への厳しい取り締まりもおこなわれる。

動員体制

第3に、動員体制の整備である。国家による公共投資や財政出動を人的資本の側面から支えるために、国民の総動員体制を確立する。そこでは、プロパガンダやイベントを駆使して、国民に思想統制やイデオロギー教育を徹底して自己の支配の正当化をはかると同時に、国力の源泉たる労働力としての国民の結束力と奉仕精神、すなわち権力者に絶対服従の国民意識を醸成する。これは、いわゆる条件付け権力の基盤の整備である。

思想統制と言論弾圧

第4に、思想統制と言論弾圧である。民主国家の場合以上に、独裁国家において独裁者をはじめとする為政者たちが最も重視することは、国民の絶対的な支持、服従を確保しておくことである。なぜなら、それこそが自己の権力基盤の源泉だからであり、これなくしてはライバルに対抗できないからである。そのため、独裁者は常時かつ反復的に支配者としての正統性や正当性を国民に徹底的に訴える。そこでは、思想統制やイデオロギー教育制度の整備を通じて支援者集団を育成しつつ、反体制的な言論を弾圧すると同時に、自己の政策の成果を宣伝するプロパガンダやイベントを頻発する。当然、その場合には独裁者に対する個人崇拝の要素も多分に盛り込まれる。ただし言うまでもなく、その内容が真実であるかは疑わしいどころか虚偽である場合がほとんどである。なお、これはまさしく条件づけ権力の基盤の整備であると言える。

▒プロパガンダ

第5に、すでに指摘したプロパガンダである。一般に、プロパガンダを施行する際には、特に「結果」だけではなく「原因」とセットにして吹聴すると人を信じ込ませやすいストーリー性が生まれる。よって、独裁国家に限らず民主国家でも、為政者たちは皆この原理を利用して自己に都合のよいプロパガンダを実施する。たとえば、祖国が貧困であるのは先進国の帝国主義と国内の反政府分子の暗躍のせいであるなど、悪い結果には必ず犯人が誰であるのかを付言するのである。実はプロパガンダが成功するための決定的な要素は、多数派の当該国民が「そうあって欲しい」と願っている願望や期待予測と合致しているかどうかにあり、願望や期待の第1条件は理解しやすいことであり、具体的な犯人がいる方が知性レベルを問わずすべての国民にとってわかりやすい。したがって、単純で手っ取り早い対象を犯人に仕立て上げる傾向が強い(2)。

■イベント

第6に、イベント政策である。建国記念日や革命記念日など、歴史的な事件の行事、さらには独裁者の誕生日に至るまで、イベントは独裁国家が国民統合のために重視する政治活動の一種である。イベントの中で最も典型的なものは、軍事パレードである。仰々しい軍事パレードが好きな国で本当に強い国というのをわれわれが見たことがないのは、それが理由である。つまり、軍事パレードを頻発するのは独裁体制の権力基盤がまだ絶対的には固まっていないからである。そこでは対外的威圧や国威発揚が目的とされているが、逆にいえば、そのようなお祭り騒ぎのイベントをやらないと対外的な威圧や国威の発揚ができないからやるのである。ちなみに、これは1人の人間の場合も同様であり、本当に偉い人物は威張らないし、本当の富裕層に派手な服装や言動の人はいない。よって、軍事パレードをやる国はその国の独裁体制が未完成または脆弱であることを示している。もちろん、オリンピックやサッカーワールドカップなどの国際的イベントのホスト国となるのもその一例である。これによって、平素から娯楽に飢えている国民の機嫌を取ることに加えて、対外的なイメージの向上や国民の結束を固めることを期待できるからである。

(3) 第3段階・独裁国家の内政

独裁国家の成立過程の第3段階は、独裁者の内政が軌道に乗せる時期であり、いわゆる独裁政治といわれる体制が確立して、国民を抑圧する政策がおこなわれる時期である。

警察国家と二重の選民意識

ここで指摘すべき第1の要素は、独裁国家の内政は、一言でいえば「警察国家（police state）」の体制であり、その目的は「二重の選民意識（double sense of being the chosen people）」の醸成と内部分裂の創出であることに他ならない。これは、国民に他国の国民よりも自分たちが優越する存在であると錯覚させると同時に、国民の中に独裁者を支持する従順であるが故に優遇される階層を作り出し、それ以外の国民との明確な差別化をはかる手法である。いわば社会心理学のアイヒマン実験におけるミルグラム効果（milgram effect）を最大限に利用した政策であると言ってよい(3)。すなわち、自分たちは選ばれた民であって他国の国民よりも偉いのだ、そして、その選ばれた民の中でもわれわれはさらに選ばれたエリート階級なのだという優越意識の階層構造である。優越意識は、その裏返しとして他者を見下す偏見を常態化する。独裁国家の国民の態度がとかく尊大で、ろくな国力もないのに近隣へ勝手放題にミサイルを撃つなどの迷惑行為をして虚勢を張るのは、実はこの意識が原因である。

教育政策

第2に、教育政策である。言うまでもなく、幼少時からの学校教育というものは、家庭環境と同様に人間の人格や価値観の形成に恐ろしいまでの甚大な効果を与えるものであり、それが偏向教育の場合には善悪の存在を徹底的に教え込むがゆえに、悲劇的な誤解と偏見を産む元凶ともなる。たとえば、反日教育を受けて育った韓国人や中国人たちが、日本人に対して異常なまでの尊大な態度を取るのはその典型である。そして、それは反日教育という一つの次元の要因だけでなく、その土台に彼らの国が独裁国家や権威主義国であるという要因があり、そもそも自分たちの国が他国よりも偉大な存在であると教育されているからに他ならない。なお、当然、独裁国家においてはこの段階でも情報の開示を制限する統制がおこなわれ、国家が認可して提供する情報だけを国民が信用するように洗脳するわけである。

警察と軍隊

第3に、独裁政治を支える国内の集団として最も重要な機関は、物理的強制力を有する武装組織としての警察と軍隊であり、さらには、それを絶対的に統括する司令本部としての統治エリート集団の母体としての政党である。本来、民主国家では警察は対内的秩序、すなわち国内の治安維持のための組織であり、軍隊は対外的秩序、すなわち外国の侵略から自国を防衛する役割を担う組織のはずである。しかし、独裁国家では、政府による市民生活への介入はその度合いに応じて比較的軽武装の警察とともに重武装の軍隊も関与・出動する場合が多い。また、独裁体制下における警察には、通常の警察とともに、主として政治犯や思想犯を担当する秘密警察という2種類がある。後者は通常の警察よりも格上で、これには国家の正式な組織としての秘密警察と、独裁者の政治基盤である支配政党、たとえば共産党や社会党などの配下にある非政府組織としての秘密警察があり、この両者は活動面や人事面で相互に連携している。たとえば、ナチス・ドイツにゲシュタポと親衛隊がいたのはその典型例である。さらに、秘密警察は独裁者の私有軍隊としての役割も有する。これは、形式的には自己の固有の軍隊をもたない文民＝政治家としての独裁者が、万が一、表層組織である正規軍が反体制派となった場合に体制を守護する武装組織としての役割を果たす組織である。また、秘密警察のメンバーは、国家の様々な組織の中に本来の身分を隠蔽して潜入・潜伏しており、反体制派分子の情報を収集する国内インテリジェンスとしての活動もおこなう。

ところで、軍隊は、参謀本部や司令部など、上位の政府組織、すなわち究極的には支配政党や独裁者個人の強力な統制下にあり、状況に応じて現場の将兵がある程度の独自の判断で行動する融通性が許される民主国家の軍隊とは異なり、すべては独裁者もしくは最上位組織たる政党幹部たちの意向に絶対服従する手足となることが求められ、それに違う行動をとることは一切許されない。もちろん、こうした組織のあり方の特徴は、独裁国家では軍隊だけでなく警察や他の政府系公共機関においても同様であり、したがって、そこに「小さい権力者」（後述）たちの階層構造が形成されるのである。そして、それらの組織が組織外の市民だけでなく、組織内の部下や同僚をも相互に監視・統制し、その情報を上位の権力者たち、やはり究極的には1人の独裁者が吸い上げることを通じて、反体制分子の活動を未然に防止するシステムを作り上げている。

買弁階級としての中間層

実は、この段階になると最も活躍する主体は独裁者と国民の間に存在する中間層であり、独裁者は自ら手を下さずとも、むしろ彼ら自身が進んで意欲的に反対勢力や体制逸脱者を摘発して潰していく。ここで恐るべきは、これらの人々が必ずしも警察や党職員などの公務員ではなく、逆にほとんどが普通の民間人であるという事実である。いわゆる熱心な密告者やチクり屋などは、その典型である。なお、独裁者は必ずしもこの種の人々の人口を増やそうとせず、およそ全国民人口の10～20パーセント程度に止めおく傾向がある。なぜなら、彼らの二重の選民意識は、自分たちが少数派であるからこそプライドの源泉としての価値が高まるからで、独裁者はその意識を利用するからである。

周知のように、このような社会システムは過去の歴史上にも幾多の事例があり、特に、帝国主義時代の植民地において買弁階級（comprador）が果たした役割はこれとほぼ同様である。このクラスの人々は、宗主国の国民ではなく現地人でありながら、宗主国の人々、特に現地派遣の軍隊や官僚以上に、自分と同じ現地人の独立運動家や体制逸脱者を旺盛な意欲をもって積極的に摘発かつ処罰したのである。裏切り者と言ってしまえば身も蓋もないが、世渡り上手というにはあまりにもズル賢い狡猾な人々であることは間違いない。

すでに指摘したように、こうした買弁階級には二重の選民意識が植え付けられている。対外的な他国の国民に対する優越意識と、対内的な非支配層に対する優越意識である。たとえば、民主国家の企業や学校などの民間の社会組織においても、別に誰から頼まれているわけでもないのに勝手に組織の名誉を背負って異常に頑張っている自意識過剰な人々がいるが、このような「小さい権力者」とも言うべき種類の人種は、決まって比較的下位の中間管理職に多い。また、多くはそれまでの人生で他者の上に立つ機会と力量に乏しかった人種であり、権力をもった嬉しさから、自主的に旺盛な忠誠心をもちつつ国民を監視して反体制分子を摘発する迷惑な人々となる。彼ら彼女らにとっては、より上位の権力者に点数稼ぎをすることが自らの存在理由となっているからである。なお、小さい権力者たちの下には「もっと小さい権力者」たちが、さらにその下には「もっともっと小さい権力者」たちがいて、それはあたかもロシアのマトリョーシカのように権力の重層構造を築いている。こうした体制下では、本当に有能で優秀な良識ある人々は、正論を申し立てて自分が損をするのがバカバカしくなり、それを防止するために沈黙することになる。それが蔓延して積み重なるといわゆる政治的無関心の状況となり、社会の発展が著しく阻害されることになる。

▒体裁としての表層組織

第４に、表層組織の要素である。この段階の政策決定は独裁政治の原則に乗っ取り、１人の独裁者もしくは少人数の独裁的権力をもつ統治エリート集団によっておこなわれるのだが、それは事実上支配政党やその地位は執行機関の幹部たちが担う場合がほとんどである。国民の選挙によって選出された議会や内閣は形式的には存在するが、それらはすべて独裁者の母体である特定の政党や軍隊などの組織の意向に沿ってその体制を維持するために活動するお体裁の出先機関となる。また、選挙自体も自由ではなく、支配政党が指名した立候補者たちだけが当選するようなシステムになっている。簡単に言うと、民主政治で言う首相や大臣よりも、党や軍の幹部の方が絶対的に優位な権力を有しているわけであり、双方の高位の職位を兼任している場合も多い。

独裁者または統治エリート集団の表層組織である一党独裁下で決定された政策を実施するのは官僚組織であり、それは支配政党の管理下にある中堅および下部組織である。たとえば治安維持は、その下部組織の一つである先述の警察や軍隊がおこなう。また、これらの下部組織が先導して、権力者の業績や対外的な緊張を国民に宣伝するプロパガンダやイベントを主催する広報活動の拡充もおこなわれる。

思想教育

第5に、思想教育という要素である。すでに幾度か指摘したように、独裁政治にとって最も重要な政策の一つに、教育制度、特に思想やイデオロギーの統制を実現するための人材育成制度の確立がある。学校の義務教育システムは、その最たる制度である。共産主義や社会主義を国是として標榜する国家が、マルクス主義やレーニン主義の考え方を国家の体制が目指すべき指標として設定し、学校教育においてそれを国民に教育・指導するのはその典型である。このように、ある一つの思想を唯一にして絶対にして最高の教養として設定する方法は、国民の自由な思考活動を妨げ、人間が本来的に有している自由で快活な才能の発揮を抑圧する結果を招くが、むしろそれこそが独裁者の望むところであり、権力者たちは、それが意図的に「支配しやすい国民」を育成するための効果的な手法であることを熟知しているのである。

このように、現実のあらゆる事象を論ずる際にその思考の枠組みが最初から限定されていては、果たしてそこには国家の体制そのものを作り変えるという発想が生まれる余地は存在しなくなる。要するに、現状の独裁体制を変革しようとする活動はもとより、そもそうした変革を発想する思考力すらなくなるのである。その意味では、良いも悪いも「すべては神の成せる業（わざ）」と信者たちに教える宗教的思考に類似するものであり、独裁国家の国民はいわばこうした「宗教的パーソナリティー（religious personality）」と言うべき特徴を有する人々であると考えられる。

宗教的パーソナリティー

今ここで指摘した件、すなわち、独裁国家の国民に宗教的パーソナリティーの傾向がある点を、少し詳細に解説しておく必要がある。一般に、民主国家の政治原則として政教分離主義という鉄則があるが、これは法学的には信教の自由を擁護するための規定であると解釈されている。しかし、この規定は、政治学的には宗教という精神世界の感覚と政治という現実世界の感覚とを混同するのを防止するための原則であると考えられる。現実世界では不確実性や想定外の事象もあり、それを実際の問題として受け入れつつ生活を営む寛容性があるが、精神世界ではそのような不確実性の要素の存在は否定され、思考の要素から捨象され、結果として非寛容性が横行する。

つまり、宗教的な思考ではその教義にそぐわないものは存在が認可されず、無理矢理にその教義の通りに作り変えられるか、消滅しなければならなくなる。わが国のオウム真理教が起こしたテロ事件は、まさしく宗教の教えに合わないものを否定し、自分たちを受け入れない世界を消滅させ、信者以外の人々を抹殺することで、宗教の教えの通りの世の中に作り変えるための活動であった。彼らの宗教の教義が現実と合わない部分、とりわけ、自分たち信者以外の人間の存在は否定され、それゆえに抹殺される必要があった。それは現実世界と精神世界を混同する意識が起こしたあまりにも大きな悲劇であり、よって、政治という現実と宗教という理想は分離されなければならないのである。

すなわち、現代の独裁国家においては、社会主義や共産主義の教義がこの宗教における経典に相当するものとなり、宗教が「神の教えに背く者」を異教徒として排斥するのと同様にして、独裁国家では社会主義や共産主義の思想、そしてその代行者である独裁者など、いわゆる体制や国是に反する者は、異端者、すなわち非国民として排除されるのである。そして、その粛清の担い手こそ、二重の選民意識で武装した独裁者の支援集団に他ならない。それは、あたかも宗教における神の弟子や預言者に相当する。要するに、宗教的パーソナリティーとは、政教分離ならぬ政教融合主義の思考回路を有する性格であり、聖書やクアルーンといった経典に代わる社会主義や共産主義のテキストを「神の言葉」として、また、独裁者たる為政者をその言葉を体現する「神の代理人」や「預言者」として認識し、彼もしくは彼女の意向に絶対服従することが正義であると信じて疑わない信者のような国民気質である。

なお、中国をはじめとする多くの独裁国家で宗教が禁じられているのは、国民に共産主義や独裁者以外の対象に信仰をもたれては統治しにくい体制になるからである。独裁国家の国民は、あくまでも統治者に対してのみ忠誠心をもつ国家に従順な国民でなければならない。また、イランなどのいくつかの国では、むしろ宗教の権威と政治の権力を融合させ、統治者と同じか、もしくは同じ系列の人物が宗教組織の高位高官にもなり、精神世界の権威と現実世界の権力の双方から国民を統治する宗教独裁の国家体制を敷いている。したがって、これらの国では自分たちと敵対する民主国家は「異端者」であり、「神の敵」となるのである。

もちろん、人間にとって宗教における信仰は尊いものである。しかし、それはあくまでも頭と心の精神世界の活動にとどまる限りの限定であって、それが現実世界へと侵略することが幾多の悲劇を生み出したことは歴史が証明するところである。独裁国家は、国民の社会主義や共産主義の教義に対する信仰を育て、その疑似宗教的パーソナリティーの育成を利用して統治権力を強化するのである。独裁国家では、そもそも「神」たる独裁者がやることに間違いや失敗はあり得ず、下々の「信者」たる国民の目から見ると失敗や不条理であっても、それは「神の成せる業」として肯定的に受容されることになる。人間という動物は恐ろしいもので、近代以降、謎や不思議をそのままに受け入れ続けることなく必ずそれを解明したがる探究心をもっているが、究極的には、すべての未解明の謎や不思議を「神」という存在にすがって理解しようとする弱さももっているのである。

▒権威主義的パーソナリティー

いわゆる権威主義的パーソナリティーについても解説が必要であろう。かの有名な「権威主義的パーソナリティー（authoritarian personality）」という概念は、フロム（Erich S. Fromm）の社会的性格（social character）の議論を応用したアドルノ（Theodor L. Adorno）によって定式化されたものであり、強者や多数派に隷従する反面、弱者や少数派に攻撃的な国民の気質を特徴とするが、自我や個性を土台とした寛容性を特徴とする民主主義的パーソナリティー（democratic personality）に対比されるこのような政治意識を有する国民たちは、独裁国家の国民として明確な教義を与えられることで、スムーズに「宗教的パーソナリティー」を装備しやすい社会的性格を有していると考えられる。簡単に言うと、それは真面目で律儀ではあるが、そうであるがゆえに権威に弱く騙されやすい人々であり、ほとんどすべての人々にその素質、すなわち危険性があると指摘しなければならない。なぜなら、怠惰で不真面目な者は独裁国家の国民としてはその存在を否定されるからである。

しかし、そもそも真面目であるかどうかを判定する基準とは、上位の権力者が決めたルールや歴史的に積み重ねられてきた社会慣習、さらにはそれによって形成された一般的な価値観で良しとされることを踏襲しているかどうかに過ぎない。要するに、それが良い悪いにかかわらず、少なくともその判定基準は他者の価値観や以前の時代経験が勝手に決めたものであり、本人たちが納得の上ですべての人間に了解された基準ではない。むしろ不真面目であるがゆえに通常とは異なる視点があり、ものごとの本質を見抜く場合もある。したがって、この種のはみ出し者たちが生きる場所と社会意識の寛容性がある民主国家は、独裁国家よりも国民生活の融通が効くがゆえに、新しい発想が生まれるより大きな可能性を有していると言える。

▒官僚的パーソナリティー

ここで官僚的パーソナリティー（役人気質）と呼ぶべきものについても付言しておかねばならない。独裁国家において人々が生活や地位の安定性を求めて買弁階級へ入り込むためには、官僚、すなわち役人になるのが最も手っ取り早い方法である。もともと独裁国家であると民主国家であるとを問わず、官僚、すなわち役人は公金を具体的にどのように使用するかを決める行政権を担う地位にあるため、政治家とともに利権構造の渦中にある公務員である。また、官僚はすべての仕事を法と規則というルールに基づきつつ、いわば手足を縛られながら遂行するため、そこに私情や融通性が入り込む余地がなく、逆に言えば、自己の個人的な感情の葛藤、すなわち、意思決定の際の矛盾との対決から逃げて業務に従事できる正当な根拠を有している。

すなわち、ここで指摘する意味は以下のとおりである。たとえば、国民から申請された年金や生活保護などの受給の成否を決定する場合に、心情的にはなんとかしてあげたいが、さまざまな法的な理由や社会的な事情によって手を施すことができない時、もし民間人であれば巨大な悩みに苛まれるのが常である。また、民主国家の役人官僚であれば、民間人ほどではないにせよ、大なり小なりの精神的葛藤を経験することであろう。もちろん、いかなる国家といえどもすべての国民のすべての困窮を救うことはできない。ただ、その場合に、もし民間人であれば、救うことができない自己の力の限界に悩む感情的な葛藤があるが、官僚はその人間的な感情の葛藤から少なくとも論理的には誰からも文句を言われない正当な理由で逃げることができる。民間人は「なんとかしてやりたいができない」という自分の力の限界に悩むことになるが、官僚は「すべてはルールで決められているからどうしようもない」という絶対的な理由で自己も納得でき、そうした葛藤から逃避することが正当な行動であると心情的にも割り切ることができる。いわゆる「役人根性（bureaucratic attitude）」である。

もちろん、中には意欲をもって現状を改善しようとする人材が役人になる事例も、ごく少数ながら存在するだろう。特に、民主国家の役人官僚の中には、少なくとも独裁国家の場合よりもそのような気概をもった人々が多いことも期待できる。しかし、独裁国家においては、まさにそうした役人根性の気質によって支配される集団の圧力によって、そのような人材は排除され、淘汰され、押しつぶされ、変質させられ、すべてはこうした官僚気質の人々によって占められていくことになり、いずれは独裁体制を支える柱の一本になってしまうのが必定である。

また、特に独裁国家においては、往々にして官僚を目指す人々には、もともとそのような改革の意欲を有する者は希少であり、ほとんどの人々は、生活が安定している、仕事の範囲が決められていて無理な労働がない、世間から社会的な地位を認められている、国家の体制が存続する限りは満額の年金が保障されている、そして、ここで指摘したような精神的な葛藤から正当な理由で逃げながら業務に従事することができる、すなわち、自分で主体的に意思決定する必要がなく、すべては他者に任せて責任転嫁することができて楽であるなどの理由から役人を目指すのである。特に、自分の親族や友人知人などがそうした仕事をする姿を見て育つことで、自分もその中に入ることを志望するようになる。もちろん、民主国家の役人官僚にはそうでない人々も多いと期待できるし、期待したいのであるが、それはあくまでも民主主義の自由な気風の世の中で育った人々であることが土台にあるからに過ぎず、独裁国家に気概のある役人官僚が増えることはおよそ期待できない。

ところで、実はこのような官僚気質、すなわち役人気質は宗教的パーソナリティーとよく似ている。「すべては神の成せる業」として理解し、納得することができる気質は、「すべてはルールや上司が決めたこと」として主体的な意思決定の精神的葛藤から逃避できるのと同様である。ここではこれを「官僚的パーソナリティー（bureaucratic personallity）」と呼ぶが、宗教的パーソナリティーも官僚的パーソナリティーも、自ら意思決定する自由、なかんずく選択の自由を捨て去り、すべてを他者、すなわち神や権力者に委任し、その責任を転嫁することで自己の安寧をはかるという点で、多分に共通の要素を有する気質であり、いわゆる「有能なリーダーの強いリーダシップに頼る」という他力本願志向の典型であるがゆえに独裁主義を生み出し、それを体制として維持する温床となる危険性をはらんでいる。

また、これに加えて指摘すべきことは、そもそも政治家とは、こうした官僚の通り一遍の形式的な業務の壁、すなわち、すでに決められていること以外は一切やらないという壁と戦い、既存の枠組みを超えて国民のために民意をより反映できる社会や国家を作り出していくという役割を担っている。つまり、それは官僚と戦うべき役割の職務であるはずなのだが、今や独裁国家に限らず民主国家においても、官僚出身の政治家が圧倒的に多数である現状は明らかに危険な兆候を作り出していると言える。なぜなら、政治家の仕事と官僚の仕事は正反対であり、その両者が融合する権力構造は国民の利益とはならないからである。したがって、世間でよく選挙の際に「あの候補者は官僚経験者だから有能なはずだ、だから政治家にふさわしい」などと考えるのは、まったくもって本末転倒な誤解であり、両者の人事的関連性が高い国は、残念ながら民主主義を守るための重要な要件の一つが揺らいでいると言わざるを得ない。

もちろん、行政府、すなわち官庁の仕事というものは公金を使った業務であるから、あらかじめ決められたルーティーン性の高い作業に従事する労働者として、むしろこのような役人根性の人材が適していることも事実である。行政の簡素化と効率化ならびにミスのない作業を遂行するためには、可能な限り感情的要素を排除した非人間的な機械労働が必要だからである。しかし、そうした気質からは、現状を改革する意思、能力、行動を必要とする政治的な気質の人間は生まれない。要するに、役人官僚経験者の技能というものと政治家にふさわしい資質とはまったく異なる種類のスキルであることを、われわれは改めてしっかりと認識しなければならないのである。

▒社会主義経済体制

第6に、社会主義経済体制の要素である。独裁国家では経済システムの面においても、基本的には生産・流通の手段が国有または社会的な所有、すなわち社会主義的な経済体制となるため、国民の食糧や生活物資の配給は最終的にはすべて国家権力によって統制される。さらに、国民の移住や配転も国家が意図的かつ強制的におこなう場合も多く、国民生活全般に国家権力が介入することが正当化され、国民は基本的にその政策に従わなかったり異議を申し立てることは許されない。

居住政策

第7に、国民に対する居住政策である。たとえば、自国の中で反乱分子が多い地域や新たに領土として組み入れた地域などでは、主として反体制的な思想をもつ人々を強制的に遠く離れた別の土地へ分散移住させ、さらに、別の土地から体制に好意的な人々をそこへ移住させることで、その地域の沈静化をはかる場合も多い。人間は居住する土地における人脈や社会関係に依存して生活する動物であるから、その場所を移動させられて環境が変化すれば、同じスタンスの人々との横の連携が保てなくなり、結果として思想や活動も変化せざるを得ないからである。すでに指摘した「二重の選民意識」や「買弁階級」と同様に、こうした「移住政策による平準化」もまた、かつて帝国主義の時代に宗主国が植民地に対しておこなった支配力強化のための統治政策と同様であり、実は独裁国家はこうした過去の植民統治の歴史的経験から学んでいるところが多い。そして、これも過去の経験と同様にして、本当に良識ある有能で優秀な人々ほど沈黙することになる。

繰り返すが、このような抑圧的な体制下では、国民の多数派からの全面的な服従は独裁者の絶対的な生命線である。たとえそれが強制的であれ、無関心によるものであれ、あるいは国民の処世術としての沈黙であれ、少なくとも反体制的な組織的活動が現出しないようにしなければならない。独裁者集団はもともと権力欲旺盛な人々の集団であるから、ある独裁者の国民からの支持が揺らげば、いつ何時その地位をライバルに略奪されるかわからない。独裁者の生活は側から見ているほど楽なものではなく、常に不信感や猜疑心に悩まされ、精神的肉体的に消耗する。その不安を払拭するために、更なる恐怖政治や抑圧政治を重ね、反対派の摘発と弾圧を繰り返す。その担い手として、秘密警察や軍隊、または支配政党に直属の武装組織、たとえば独裁者の親衛隊のような武力集団が暗躍するわけである。

中央集権体制

第8に、中央の地方に対する完全優位性の集権体制である。特に、中央政府が地方政府に対して絶対的な権力、特に人事権を全面的に掌握しているのも独裁国家の特色と言える。もちろん民主国家においても「天下り」と呼ばれる慣例があるが、これは以下のような理由による制度である。すなわち、地方自治体の人事、特に役人や地域的な影響力の大きい関連団体の役員たちが、当該地域の要望にかなう人選ばかりになる、すなわち、現地出身者ばかりで固まることになると、そこに長い間定住する地縁や血縁の要素が絡み、先祖から子孫に至るまで人間関係の複雑な同郷人同士の利害関係が形成される。もちろん、それが現地の実情に精通する人々が職責を担うなどのよい要素になる場合もあるが、当該地域の抜本的な改革などの新しい政策を施行する場合には、それが足かせとなって政策効果を阻害する危険性も大きい。よって、当該地域に利害関係のない人物が中央から赴任することを通じて、そうした危険を未然に防止するのみならず、当該人物が中央と地方とのパイプ役となる期待がもてる。

もちろん、それを過剰に制度化することで弊害も多く、中央への反発や当該地域の事情に不慣れな統治が行われる危険性も存在する。すべからくものごとには良い面と悪い面があるが、この場合の良い面とは前者であり、悪い面が後者に該当する。

よって、こうした慣例や法的措置には按配が重要であり、どの程度そうした手法を制度化するかが結果の成否を決定することとなる。民主国家の場合には、政策の頃合いを確かめながら臨機応変に対応できる余地がある。それが行政に対する政治の役割であり、政策を頂点で仕切る自治体の長や、予算を審議・認否する地方議会の議員を現地の住民が直接選挙で選出することができるのである。しかし、独裁国家の場合には、有無を言わさず中央の絶対権力による統治がおこなわれるため、自治体の長やその配下の役人集団に対する歯止めが効かない。また、行政だけでなく政治もまた、事実上中央からの指名による人事で決められ、選挙も形式的にしかおこなわれない。そこでは、現地住民の意見や要望を汲み上げるシステムはほとんど存在せず、すべては中央政府、なかんずく1人の独裁者もしくは共産党や社会党に代表されるごく一握りの独裁的な権力者集団の意思決定に絶対服従となる統治がおこなわれる。

▒分断国家

第9に、意図的な分断国家の形成である。独裁者の最終的な目的は、国民に二重の選民意識を醸成し、意図的に内部分裂を創出することを通じて自己の権力基盤を守ることである。要するに、国民がまとまった勢力になって自分に反発してくるのを防止するわけである。このような混乱した国内社会を結束させて統治し、祖国を率いて恐ろしい国内の反乱分子や外敵と戦うことができるのは自分以外にはないと国民にアピールする状況を整備するわけである。

そもそも人間の歴史において、新しい時代を切り拓いたり、既存の体制を変革するような大きな役割を果たす人物は、ほとんどもっぱら中間階級から出現している。なぜなら、まず、上層階級の人々は既存の秩序の中で地位や権威を獲得して満足しているので、現状を変革する意欲をもつことはない。また、下層階級の人々は既存の秩序の中で生きるのが精一杯であり、なかなか自身の力によってそれを変革する意思と能力をもち得る余裕がない。しかし、中間階級の人々は、上層階級に頭を押さえつけられるがゆえに既存の体制の中ではある程度以上の地位や利益を獲得することはできず、また、かといって下層階級の人々から見れば彼らもまた嫉妬と羨望の対象であり、共通の意識をもつことはできない。そうした状況の中にあって、中間階級の人々だけが、上からも下からもすべての社会状況を見渡すことが可能な立場となり、また国家や社会の問題点を考える意思と能力、特に現状の社会システムに対する不満をもてることになる。過去の歴史における革命家や改革者は、こうして往々にして中間階級から生まれたのである。

ところで、民主国家においてはこの中間階級の人口が最も多く、上層階級や下層階級の人口を凌駕している。政治的民主主義と経済的資本主義の発展がそのような体制を生み出す成果をあげることになる。というのは、後者によって生み出された成果が前者の過程を経て可能な限り全国民に行き渡るように再配分される努力が成され、それを何十年も繰り返すうちに自然に中間階級の人口が膨れてくるからである。もちろん、その中で一部の才覚と幸運に恵まれた人々は上層階級へステップアップしたり、恵まれなかった人々は下層階級へ転落するが、人口構成全体としての比率が大きく変化することは、よほどの偶発的かつ突発的な要因が現出しない限りは可能性が低い。このような人口比率における母集団の大きさこそは、決定的に重要な要因である。また、政治的民主主義と経済的資本主義の社会における自由な気風の存在が、より客観的な状況の把握と問題点の抽出ならびにその変革への意思と能力を育成する土壌となっている。

しかし、独裁国家には、独裁者もしくは独裁的権力を有するごく少数の権力者集団およびその家族や親族などによって構成される上層階級と、その支配下でほとんどの人口比率を構成する下層階級がいるだけである。また、その下層階級の中の一部は買弁階級として体制側の人間になってしまう。すでに指摘したように、要するに独裁国家における中間階級の多くは買弁階級化してしまっており、体制の変革者としての意思や能力をもつどころか、逆に現状を維持して自己の地位や利益を保全しようとする体制側の人間になってしまっているわけである。このような社会状況の中では、変革者の登場はほとんど期待できない。そして、実はそれこそが、独裁者が自己の権力基盤を守るために意図的に作り出しているシステムの論理なのである。

模倣文化

最後に、模倣文化、モノマネ技術の要素である。独裁国家の国民は、民主国家の国民よりもモノマネのスキルに長けている。と言うよりも、もともと独裁体制とは、そのようなスキルに長けた人材を育成するシステムとしての要素を多分に有している。モノマネのスキルとは、先人の発明品や行動や思想を再現する能力であり、他者と同じことをする能力である。これがいわゆる独創性に欠ける秀才型や凡才型のタイプの人間であることはすでに指摘した。独裁国家では、こうしたタイプのスキルを超えてまったく新しい独創的な発想をする天才型の人間は、反体制分子となる可能性を秘めた危険な注意人物と見なされてしまう。なぜなら、独裁政治の統治下では新しい発想や発明が一般社会の中から生まれるのは異常事態だからである。というのは、そこでは権力者がごく少数の体制エリート以外には、意図的に新しい独創的な発想を生み出す才能をもつ国民が育たないようにしておくことで、自身の権力的地位を盤石なものにしているからである。要するに、独裁者にとって、新しい発想は現状変革の思想や行動へとつながる危険な要素であり、そのような国民が多数輩出してしまう状況は彼らの足元を揺るがす可能性をもち、独裁者が最も恐れる体制崩壊という危機的な状況となり得るのである。

ちなみに、こうした傾向は、軍事であるか民生であるかを問わず、言うまでもなく技術開発の分野で端的に現われる。たとえば、独裁国家の兵器は民主国家の兵器を模倣したものがほとんどであり、彼らが独自に開発したものは稀少である。もちろん、そうした傾向が良い結果をもたらすこともある。

たとえば、独裁国家の軍隊が使用している兵器は民主国家が開発した兵器のモノマネであるがゆえに、なかなか同等レベルのものは作れずに性能が劣る場合がある反面、むしろ独裁国家によって改善され、構造が単純で故障しにくく扱いやすい兵器となり、汎用性が高く有用な兵器となる場合もある。他にも、自分たちが作曲するのは不得手でも、先人が遺したクラシック音楽の演奏の分野では世界的な名手を輩出したり、ハリウッドの映画やドラマをマネた俳優の演技や映像技術を使ってそこそこの優良な作品を生み出すこともある。

このように、独裁国家には他者が生み出したものを再現したり、それを改良したりする作業には相当なレベルのスキルを有する人材がいるが、そもそもの最初の発明品を生み出す独創的な才能をもった人材は育ちにくい。それは、民主国家が作り出す自由でおおらかな気風の中で試行錯誤の末にのみ生み出されるのである。

なお、よく知られている標準的な事例の一つに、軍用小銃のＡＫ47、いわゆるカラシニコフの事例がある。これはギネスブックで「最も使われた銃」と認定されるほど世界中の軍隊や武装勢力に使用されてきた名器であるが、それは単純な構造で操作性にすぐれており、面倒な知識や訓練をせずともゲリラ新兵がすぐに使いこなせるからと言われている。また、その昔、米ソ冷戦時代に日本へ亡命してきたソ連のミグ25戦闘機が、当時すでに時代遅れになりつつあった真空管を極限にまで活用したエンジンで世界最高レベルの運動性能を発揮していたことはあまりにも有名である。しかし、これらのいずれも、すなわち、小銃や真空管を最初に発明したのは彼らではない。

実のところ、人間の生活や人生のほとんどはモノマネ文化の中にある。そもそも新しいものを生み出す独創的な才能はごく限られたほんの少数の人間が有するスキルである。ただ、それが権力者によって育てられるか、社会そのものが有している風土の中から自然発生するかの違いは、その才能が後にどれほどの価値を生み出すかに格段の差が出るのである。また、物品の研究開発途上における組織活動においても、それに従事する人々が上からの命令でノルマを課せられて遂行するのと、自らの興味に基づいて旺盛なる未知への探究心と夢を抱いて取り組むのとでは、やはりその結果に大きな隔たりがあると考えられる。

もちろん、ごく稀少ではあるが、独裁国家が民主国家を凌駕する独創的な発明を生み出すこともある。たとえば、かつてのソ連の宇宙ロケット開発は、当初はアメリカの遥か先を進んでいた。しかし、研究を主導していたセルゲイ・コロリョフ（Sergei Pavlovich Korolev）亡き以後、その研究の進展速度は急速に停滞し、最後にはアメリカに追い抜かれてしまう。これは独裁国家の技術開発が、政治と同じ独裁主義、すなわち1人の有能な人物の才能に極度に依存しており、当該人物無き状況ではすべてが破産し、研究が止まってしまうことを端的に物語る事例である。

研究成果が組織的に共有され、次の世代へ受け継がれるシステムは民主国家の場合と同様のはずである。しかし、その継承者が意図的な政策として育成される独裁国家と、自然発生的に出現する民主国家とでは、その後の研究の発展に大きな差異が生ずるわけである。ビル・ゲイツ（William Henry Bill Gates）やスティーブ・ジョブズ（Steven Paul Jobs）をはじめ、21世紀のＩＴ社会を作り出し、人類の新しい時代を切り拓いたのはいずれもアメリカという民主的で自由な風土の社会から輩出した人々であって、国家が育成した技術エリートではない。

（4）第4段階・独裁国家の外交

独裁政治の成立過程の第4段階、すなわち、最終段階である。これは、独裁者が自己の支配する国家体制を基盤として対外政策を展開する時期であり、この段階をもって当該国家の政治体制としての独裁主義がほぼ体裁を完成することになる。そして、ここでもやはりその目的は二重の選民意識の醸成と内部分裂の創出である。また、すでに第2段階と第3段階でも強化した情報統制を一層強化し、国民の思考停止、政治的無関心、さらには国家の諸政策への動員を徹底するのである。

対外強硬路線

第1に、独裁国家の外交方針は、対外強硬路線という言葉で表すことができる。その担い手は、言うまでもなく軍隊である。独裁者の外交は常に強硬路線である。なぜなら、自己の権力的地位を維持するために国内のライバルや反対派の暗躍を防止する必要があり、国民の支持を維持するためにうまくいかないことをすべて外国のせいにし、対外的な緊張を保持することが必須だからである。外国という共通の敵を設定することで、国民の関心と不満を外に向けさせ、自己の統治下における国民統制と自己への絶対服従を堅持するのである。

好戦主義

第2に、好戦主義という特徴である。数多くの歴史的な事例では、独裁者はそうした外交政策の根拠としてレーベンスラウム（生活圏）やレゾンデートル（生存権）と呼ばれるスローガンを掲げ、当該国家が生き残るためには自衛戦争＝侵略戦争を遂行できる独裁体制が必要であることを国民に宣伝する経験が示されている。完全なる好戦主義と言ってよい。また、その裏付け政策として軍備拡張を遂行する。

インテリジェンス

第3に、諸外国に大規模なインテリジェンス組織を展開し、それらの諜報活動から諸外国の情報を収集し、国民の危機感を煽ることに役立つ要素を探索する。その活動は国際法上の合法非合法を問わず遂行されるため、しばしば諸外国との摩擦を引き起こす。また、こうした諜報活動は国外にとどまらず、むしろ国内においても活発におこなわれる。こうした内部インテリジェンスは主として秘密警察の役割となり、反体制派の摘発やその予備軍の監視をおこなうのである。また、ここでも国民を相互に監視させる二重の選民意識、買弁階級、小さい権力者たちなどが陰に陽に活躍するわけである。これによって体制に疑問を抱いている不特定多数の国民も、その多くが沈黙することになる。

▒窮乏化政策

第4に、意図的な窮乏化を生み出すための軍備拡張や戦争行為である。プロパガンダや戦略的スローガンの啓示を通じて、国民の支持を獲得し続けるのが独裁者の死活的な使命となるが、その効果が限界に達した場合には、上記のレーベンスラウムをもとめて実際に近隣に対する戦争をおこなう場合もある。戦争は国力を浪費して国民に負担を強いる活動であるため、一見すると国民の支持を減退させてしまう政策であるように思われる。国民生活に必要な食糧や物資が戦争遂行に優先され、国民の不満が蓄積する可能性があるからである。

しかし、食糧や物資の不足による国民の不満の高まりが即座に革命や反乱やクーデタにつながるなどという考え方は、あまりにも非現実的かつ期待予測的な迷信である。なぜなら、生活が困窮し始めた国民がまず最初にすることは、権力者への服従＝物資受給資格の確保だからである。いわば「飢餓支配＝貧困統治」とでも呼ぶべき、非人道的ではあるが効果は大きい政策である。残念ながら、人間はそれほどだたいそうな動物ではない。したがって、独裁者にとっては国民が豊かに生活しているよりも、むしろ困窮している方が統治しやすい場合が多い。開発途上国の独裁体制が長寿である理由がそこにある。そして、最も迅速かつ確実に国民生活を困窮させるには、戦争をするのが一番手っ取り早いのである。よって、独裁国家は戦争をしたがることになる。

ところで、この第4段階でも、同様にして最も活躍する主体は独裁者と国民の間に存在する中間の買弁階級であり、官僚だけでなく普通の民間人である人々自身が自発的に買弁階級となり、自ら進んで反対勢力や体制逸脱者を摘発して潰す点数稼ぎの活動に勤しむ状況が露呈する。これを受けて、外交においても内政と同様に、独裁者の最終的な目的は国民に二重の選民意識を醸成し、意図的に内部分裂を創出して自己の権力基盤を守ることにある。混乱した国際関係の中で危機的状況にある祖国を率いて生き残ることができる統治者は、自分以外にはないと国民にアピールするのである。なお、独裁国家に限らず、そもそも外交とは90パーセント以上が内政の事情に依存しているのであって、その意味では、外交もまた内政の独裁的基盤を強化する手段として利用されるわけである。

なお、ここで第2段階、第3段階、第4段階でそれぞれ指摘した特徴は、第1段階の独裁国家を生み出す土壌の要素と同様にして相互に連関しており、複数の要素が有機的に関連・連動して独裁国家の構造的基盤を形成している。よって、これもまた、どれか一つが実施されればその影響でドミノ倒し的に他の事項も実施され、結果としてそのシナジー効果によって独裁体制が強化される危険性がある。

2 独裁政治の持続と終焉

独裁政治はなぜ維持されるのだろうか、またなぜ崩壊するのだろうか。まず、一旦成立した独裁体制が持続するか否かは、それが民主的な体制よりもどのような優越性をもっているか、すなわち、独裁政治である方が民主政治であるよりもよいことがあると当該国民が感じているかどうかに依存している。それは、社会の風土、国民の気質、世論の動向といった要素によって生み出される。

【独裁国家の持続要因】

▒国民気質と社会的気風

第1に、独裁政治を生み出す最大の要因であり直接的な契機となるのが有能なリーダーや強いリーダーシップを求める国民の気風であることはすでに指摘した。それでは、そもそも国民は、有能なリーダーや強いリーダーシップというものをどのようなものとして認識しているのだろうか。それは、迅速な政策決定とその実施において包括的に国民を動員できるスキルのことである。要するに、国民が考えている有能なリーダーや強力なリーダーシップとは、スピーディーな意思決定とその広範な実行力のことなのである。

▒支配の正統性と正当性

第2に、思想の統制によってイデオロギー的な統一性と支配の正統性をもち、計画経済政策によるインフラの整備と社会政策の実施による国民生活の安定化という成果を宣伝するプロパガンダやイベントが国民から信用されているうちは独裁政治が維持される。要するに、独裁体制によって経済発展が持続的に成功していると国民が錯覚すれば体制が継続されるのである。また、自分に力がない場合に、自分よりも上位者の意向に逆らわずに隷従するのが当然だと考える文化的社会的な風土や、有能な人々のスキルに頼って問題解決をしたがる国民気質が多数派である国は、そもそもが国の体質として独裁政治に合っていると考えられる。

こうした検討からわれわれが学ぶべき重要事項の一つは、民主政治の国においても社会の難問解決のために有能なリーダーや強力なリーダーシップの必要性を訴える論者が存在するが、そのような論者の考え方に迎合する風潮は非常に危険だという事実である。それは、独裁政治を生み出す巨大な温床となり得るという事実をしっかりと認識すべきであろう。

代替覇権国

第3に、国際関係における代替覇権国の有無という要素である。国際社会に存在する国々のほとんどは、グローバル覇権国であるアメリカや、地域覇権国である中国やロシアなど、いずれかの大きな国力や威信を有する国を盟主とする陣営に自国を位置付けることによって生存している。特に、独裁的な政治体制を採用している国のほとんどは開発途上国であるから、自己の国力だけで国家運営をまかなっていくことは不可能だからである。その場合に、これらの国々は、どちらかといえばアメリカ陣営よりも中国やロシアの陣営に属することが多い。それは以下の理由によるものである。(4)

まず、市場開放の問題がある。アメリカの傘下に入ったからといって、アメリカが自身の市場を無条件で開放してくれるわけではない。アメリカは自国の市場開放に消極的であり、これをあてにした期待は裏切られる場合がほとんどである。その点、中国はさまざまな問題を有するも、少なくともアメリカよりも柔らかい形で一帯一路などを通じたある程度の市場開放をしており、それならアメリカと大差はないか、まだマシという評価になる。途上国にとっては、これは中国側につきやすい要因の一つか、または少なくともどちらについても大差はないと考える要因となる。

次に、近年のアメリカはさまざまな軍事介入の地域から撤退しており、同盟国や準同盟国およびその候補国にとっての不安材料となっている。すなわち、アメリカは果たして同盟国として集団安全保障の盟主の役割を果たしてくれるのかどうか疑念を抱き始めているのである。たしかに物量面における援助はしてくれるが、しかし、それに続く新たな軍事介入は短中期的にはあり得ない時代となっている。途上国としては、それなら中国と大差はなく、特にアメリカ陣営に参加する要因とはなり得ないことになる。

さらに、最も決定的な要因として、内政介入の問題がある。アメリカの傘下に入った国は、自己の政治体制を民主化することが求められる。こうした要請に従わない場合には、アメリカからの支援にさまざまな制約が設けられるのである。その点、中国やロシアの陣営に参加する場合にはもともと同じ独裁体制の国家であるから、こうしたうるさい要請もなく、内政に関する口出しもほとんどない。無理に民主化すれば政権が転覆して国民統合が崩壊し、国家が分離する可能性をもつような途上国が多い状況にとっては、中国側についた方が自己の国家体制や政権維持のためには安心である国々が多く、したがって、おおよそこれが決定的な要因となる。

こうした事情から、途上国はアメリカよりも中国やロシアを支持しやすい傾向にあり、自身の独裁国家としての体制を維持しやすい国際関係や外交環境を整備することになる。もし国際関係にアメリカ以外にこれに対抗する大国がいなければ、すべての国々は生存のために民主化の方向へ舵取りをしなければならないが、アメリカに反発する勢力としての中国やロシアがいるため、そちらの選択肢を選んで独裁体制を維持することができてしまうところに悲劇がある。

【独裁国家の崩壊要因】

さて、このような継続要因に対して、逆に、独裁政治が終焉する要因は何であろうか。それは、独裁政治が民主政治に対する優越性を喪失するかどうか、すなわち、独裁政治よりも民主政治の方がよいことがある政治体制だと国民に認識されるかどうかに依存していると言える。これもまた、社会の風土、国民の気質、世論の動向などの要素によって生み出される。

■政策の失敗

第1に、たとえば、自然災害や戦争などにともなう大きな社会変動が当該国家の課題として直面した場合に、その対策が成功すればよいのだが、もしも失敗した場合にその理由を外国や国内の反乱分子に求めることに限界があったり、独裁者が遂行する経済政策、いわゆる世間で言う開発独裁が行き詰まったりした場合に、国民が独裁者のスキルに不信感や疑念をもち始めるのがその兆候となる。

情報の流入

第2に、経済成長の実現による民度の向上や外国からの民主主義的な思想の流入などを通じて国民の気質が変化したり、国際関係の構造的な変動や国際格差の露呈など、やはり外国からの情報漏洩によって国民が世の中の真実に触れるとその体制が揺らぐことになるが、今日のネット社会のようなこれだけＩＴ技術が発達した時代においても、こうした要素が独裁体制を大きく変革させることは困難であることは多くの事例が示している。いわゆる民主化の失敗である。また、経済発展の成果のそもそもが独裁体制によって生み出されたものである以上は、国民としてはその体制が維持された方が経済発展が持続するというイメージを抱く可能性が高い。特に、ほとんどの独裁国家が集権主義的な社会主義経済体制を採用しているため、それが変革されるためには、経済政策の失敗、国民生活の破綻、戦争の敗北など、何らかの大きな契機が必要となる。

国民気質の変化

第3に、自分に技量や人脈がない場合にも上位者の意向に異論や反論ができる自由があるべきだと考える文化的社会的風土への成長や、有能な人々のスキルばかりに頼らずみんなで背負って問題解決をするべきだと考える国民気質が醸成されれば、そもそもが独裁政治に合わない体質の国へと成長するわけで、独裁政治を生み出しにくい国へと進化していくことになる。しかし、これもまた総じて言うならば、独裁国家の国民はそもそもが独裁国家の教育システムによって頭と心を洗脳された人々であるから、このような独裁政治の終焉要素を獲得することもまた、残念ながら困難であると言わねばならない。とりわけ、歴史的に独裁政治に馴染みの深い経験を積んできた国にとっては、こうした進歩はなかなか期待できない。

たとえば、社会主義や共産主義の体制下で生活することに慣れてしまうのはその一例である。そこでは、すべてを国家が統制するために国民の自由は奪われるが、その服従の見返りとして人々は生活の保障を期待できる。それが為政者にとって自身の生命線だからである。したがって、そこには国民が国家を頼る、有能なリーダーの力量に頼る、独裁者を生み出しその権威と権力を強化させるという構図が生み出されてしまう。なお、ここで指摘しておきたいのは、このような「甘えの構造」は、民主国家や資本主義の体制下においても過度の社会保障や社会福祉が常態化すると出現するという事実である。高福祉は必ずしもよいことではないばかりか、そこに民主主義を骨抜きにする危険な要素を有していると肝に銘じておくべきであろう。

代替覇権国

第4に、やはり国際関係における代替覇権国の有無という要素が重要となる。すでに指摘したように、ほとんどすべての独裁国家は途上国であるため、自己の体制を維持するために、反アメリカ、親中国、親ロシアの外交路線を採用しやすい傾向にある。したがって、もしアメリカ以外に国際関係の動向を左右することができる国力をもつ国が皆無であれば、また、そのような国が存在している場合にもそれが民主国家である場合には、途上国のほとんどはその勢力の傘下で生きるために自国の民主化努力を遂行することになる。しかし、実際にはそのような国際関係の状況になる可能性はきわめて低く、残念ながら独裁国家が民主化する契機と可能性は稀少であると言わねばならない。

3　独裁国家への対策

ところで、こうした独裁体制の国家を外交相手とするわれわれ民主主義諸国は、どのようなスタンスや方針で外交政策を実施すべきであるのか。すなわち、いかにして彼らと付き合っていくべきであるのかを考察しなければならない。なお、ここで前提となっている認識は、経済効果の限界と共存路線の選択という方法論である。というのも、実はこの30年間ほど、民主国家は経済の力というものに頼りすぎてきた。すなわち、われわれは、独裁国家も経済発展して豊かになれば民主化へ向かうと期待していたのである。その方法論に沿って、民主国家は独裁国家とグローバルな経済交流をおこなってきた。しかし、実際には、独裁国家の為政者たちはそうした活動によって獲得した利益を自己の独裁主義を強化するために利用してしまったのである。したがって、残念ながら経済発展は独裁国家を民主化させることはできなかったのである。

ここに至ってわれわれは、長期的にはともかく、少なくとも短中期的なスパンでは、この地上から独裁国家をなくすことは不可能であることを確認した。すなわち、われわれ民主国家陣営には、独裁主義のまま存続している非民主国家という価値観の異なる国民が形成する諸国家の陣営と、この世界で共存することが運命づけられているのである。ましてや、経済力こそ優越性を保ってはいるが、国家の数からすればわれわれの陣営は圧倒的に少数派なのである。

▒非妥協性

そこで、より具体的な外交方針であるが、第1に、非妥協的スタンスの原則となる、独裁国家を生み出すような価値観の異なる相手との外交には非妥協的な姿勢が重要であり、譲歩や妥協は弱腰と解釈されることを肝に銘じる必要がある。最も重要な前提は、独裁国家の政府や国民は、そもそもの価値観が民主国家の国民であるわれわれとは異なる人々であることを大前提とし、彼らに対しては決して弱みを見せない毅然とした言動や行動を心がける意識をもつことである。そこでは、常に「目には目を」の原則を貫徹し、交渉においてはあくまでも非妥協的な姿勢を堅持する徹底した対応が原則である。

というのも、われわれの民主的な社会では、真の実力を有する者がそれを誇示しないのは謙虚や謙遜として世間から尊敬、賞賛されるべき態度となるが、中国やロシアや北朝鮮のような独裁国家においては、そのような態度は美徳ではなく弱腰と認識されてしまい、むしろこちらに力があることをしっかりと明確に示さない限り舐められてしまうのである。それは、大して偉くもないのに威張っている者にこちらがへりくだると彼もしくは彼女を増長させてしまうのと同様である。よって、まずは彼らとわれわれとでは根本的な価値観が異なり、その価値観を変化させることは、不可能ではないが到底容易ではないのだという現実をしっかりと認識することが重要である。

▒封じ込め

第2に、いわゆる封じ込め政策によって独裁国家との交流、特に、その盟主たるロシアや中国との交流を可能な限り制限するとともに、彼らの勢力拡大を防止することが必要である。要するに、独裁国家のような根源的な価値観が相違する国々との合理的かつ効率的な外交政策は「封じ込め政策」以外にはない。すでに指摘しているように、これらの国々とわれわれの国々では、社会の規範から生活の習慣に至るまで、そもそもの「ものの考え方」や「ものごとの判定基準」自体が異なるからである。

もちろん、特に経済的分野を中心とする現代のグローバル化した国際社会においては、完全な封じ込め政策の実現は難問ではある。しかし、たとえば先端技術の漏洩や人材のヘッドハンティングなどの問題は、かねてより彼らに対して厳しく対応しなければならなかった民主国家の課題でもあった。相手が年収1億円で引き抜こうとする人材を思いとどまらせるには、こちらも1億円を提示して対抗する以外にはないのである。また、資源エネルギーの確保を過度に独裁国家からの輸入に依存していた経済体質がさまざまな外交的劣勢を招いた弊害は、ウクライナ戦争で露呈したばかりである。

▒エコノミック・ステートクラフト

特に、限定的であれ、独裁国家と経済的な交流をする場合に、こうした資源・エネルギーや基幹産業の分野における過度の依存は当該国家の命取りになる可能性が高い。いつ敵対関係になってもおかしくない相手にこうした関係を作ることは、危機的な状況を自ら作ることと裏表一体だからであり、いわゆるエコノミック・ステートクラフト（Economic Statecraft）、経済戦略手法は、独裁国家には限定的な影響しか与えることはできないからである。独裁国家のほとんどは社会主義経済の体制を採用しており、もともとこうした閉鎖的な経済システムの国に対して、経済制裁で直接的かつ迅速に打撃を与えることは困難だからである。

ただ、たしかに閉鎖経済システムを採用している独裁国家に対するエコノミック・ステートクラフトの効果は、少なくとも短期的には限定されていることは事実であるが、同時に、中長期的にはこうした経済制裁が彼らに大きな損害を与えて締め上げることができるのも事実である。したがって、われわれが、これまで放置されてきた一つ一つの課題への対応から出発して、中長期的な視野から封じ込めの枠組みを作ることは可能であろう。いずれにしろ、現代世界のほとんどを占める開発途上国は、常に風見鶏的な戦略を採用しており、争点や問題領域によっては民主国家の陣営についた方が得だとなればこちらへ抱き込むことがいつでも可能である。われわれは、彼らにとって独裁国家よりも民主国家に味方した方が利益があるような状況を常に作り続けることが必要である。

いずれにしろ、一時期のグローバライゼーション賛美の風潮によって、すでに今日の国際経済社会は相互依存が浸透した貿易・通商システムとして作り上げられている度合いが大きい。したがって、特に経済的な分野において封じ込め政策を管理することは容易ではない。よって、ここでは政治や軍事の分野における外交と、経済の分野における外交とのバランスをよくよく考慮するという今後の難題が残されることになる。重要なことは、経済を中心とする平和的な手段だけではまともな付き合いができかねる相手なのであり、そこでは必ず政治や軍事の手段を用意しておかねばならないという認識とスタンスを堅持することが必要である。

長期戦

第3に、安全保障上の戦略と戦術である。残念ながら独裁国家が自国へ侵略して実際に戦争になってしまった場合には、どのような戦略・戦術が必要なのだろうか。まず戦略的には、民主国家の陣営と協力しながらその政治的支援と経済的援助を持続的に引っ張り出し、あくまでも敵に対して非妥協性を堅持する軍事的かつ外交的スタンスが大前提となる。その上で、戦術的には、こちらが先進国の場合には高レベルの兵器を駆使しつつ、圧倒的な武力をもって一気に殲滅すること、またこちらが途上国の場合には民間と軍隊が協力していわゆるゲリラ戦術を展開し、ズルズルと継続的な長期戦に持ち込むことが重要である。独裁国家が戦争する場合には、その戦勝の戦果こそが独裁者の生命線であり、もし敗戦したり戦果が上がらないままズルズルと戦争を長引かせることになれば、その権力基盤を揺るがす国内の動揺を引き起こし、ライバルが暗躍し始めて戦争が遂行できなくなるからである。

もちろん、戦争せずに済むに越したことはない。そのためには、独裁国家に侵略行為をさせないように、戦争になればそれが彼らにとって自殺行為になることをしっかりと認識させて、侵略を未然に防止することが重要である。価値観の異なる相手といくら交流をしても、わかり合えることなどあまりにも困難である。そこでは、われわれ自身も倫理や道徳の仮面をはぎ取り、むしろもっと現実的に、正義不正義ではなく、利益不利益の観点からアプローチすることが必要である。つまり、平素から民主国家陣営が結束して政治的フロントを確立しておきながら、独裁国家の動向に関する情報を相互に共有し、技術協力を展開して常に軍備の近代化に務め、もし石を1個投げてきたら10個投げ返す国力を見せつけて脅威を与え続けるのが肝要である。最も重要なことは、決して兵器の技術で彼らに遅れを取ってはならないという点である。教員たちがしっかりと団結していてこそ、学校で生徒や学生をしっかり教育できるのである。そして、その先生たちの教育力の源泉となる威厳や権威の本質は、人柄や人間性以上に所詮は学問的知識の実力である。いずれにしろ独裁国家には、こちらに手出しをしてくれば恐ろしく痛い目に遭うことを徹底して分らせておくことが必要である。

非民主主義の学習

第4に、以上のような政策の具体的なスタンスや手法にも増して重要なことは、われわれ民主国家の国民自身が、今後は独裁主義をはじめとする非民主主義とは何かを今とこれまでよりもしっかりと学習し、彼らがどのような考え方をする人々であるのか、われわれをどのように見ているのか、なぜ今このような行動をしているのか、そしてこれからわれわれに何をしてくるのか、要するに彼らの価値観を適格に知ることである。そうした知識なくしては、われわれは独裁主義からの侵蝕を退け、民主主義を守ることはできない。従来、さまざまな理由によってこうした学習に蓋をしてきたことは、残念ながら多くの弊害をもたらしてきた。その最たるものは、少なくともわれわれの知識の範疇では理解し難い敵をわれわれ自身の中に作り出してしまったことであった。従来のわれわれは、独裁主義の考え方や独裁国家の行動が理解不能であり、当然、それに適切な対応をすることが困難であった。しかし、その知識を得ることを通じて、彼らに対する適切な対応を生み出す知的源泉をもつことができるのである。

もちろん、特に、第二次世界大戦後の左翼主義の風潮が世界に蔓延していた時代においては、こうした題材に関する学習が、国民をしてあたかも宗教の教義にマインドコントロールされるがごとき危険性をはらんでいたことも事実である。要するに、信者の増加、すなわち独裁主義の信奉者が増えるのではないかという危惧である。その顚末の事例の一つとして、日本でも暴力的な学生運動や日本赤軍のテロを生み出したことは周知である。しかし、今や民主国家としての地位をしっかりと確立しつつあるわが国において、敵国の体制たる独裁主義の知識をもつことは自分たちの民主主義を守るためにこそ必要不可欠な責務となったと言える。同時に、われわれには、その学習を通じて自分たちの民主主義の問題点を把握し、さらによりよい民主主義を作り出していくための糧にする義務が課せられている。その意味で、独裁主義は民主主義の反面教師であり、これら双方をしっかりと学習することが良識を生み、より望ましく強靭な民主主義を生み出すことが期待できる。

神々の争い

民主国家で生きるわれわれにとって、独裁国家は悪であり、民主化させなければならない対象である。われわれの多くは、独裁国家に生きる国民は不幸な境遇にあり、救済されるべき人々であると考えている。しかし、独裁国家に生きる彼ら彼女らにとっては、少数派の例外を除いて、多数の国民がわれわれ民主国家を悪と考えている。彼らにとっては、民主国家の国民こそが救済の対象となるのである。現代世界は、このような2つの正義による2つの世界が存在する世界である。2人の神々と2つの宇宙があると換言してもよい。どの考え方が正義であるかを選択する作業は、どの神が信仰に値するかを選択する作業と同様に価値判断で行われる精神世界の作業だからである。われわれにとっての悪は彼らにとっての正義であり、彼らにとっての悪はわれわれにとっての正義であり、いずれが間違っているかではなく、両方とも正しいのである。

このようなアンビバレント、すなわち、二律背反な価値観を有する者同士が共存するためには、双方がリアリズムのスタンスを堅持して対応する前提が必要である。お互いに利益があるイッシューでは協調・協力し、お互いに損失がある場合には対立・非協力の状況になることを受け入れつつ、それが対立や摩擦を越えて戦争へとエスカレートしないように管理する。最も重要なことは、戦争という国家の物理的強制力の行使を防止することがお互いの利益であること、戦争をすれば双方の損だということを広く深く相互に認識することである。この認識をいかなる時にも双方が持ち続けることが、今後の世界で両者が共存できる絶対的な必要条件である。

１人の神は、世の中にいろいろな種類の人間や事物があるのがよいと考えている。しかし、もう１人の神は、世の中が同じような統一的かつ均質的な人間や事物で成り立っているのがよいと考えている。言うまでもなく、前者が民主国家であり、自由主義や資本主義の考え方の本質であり、その実現のために分権主義を採用する世界である。そして、後者は独裁国家であり、共産主義や社会主義の考え方の本質であり、その実現のために集権主義を採用する世界である。グローバライゼーションの動向は、多くの人々に世界が一つになれるとの妄想を抱かせた。しかし、それは少なくとも短中期的には不可能であるばかりか、それを無理強いすることが世界に巨大な弊害をもたらすという事実が露呈した。そう考えると、実は２人の神々がいる２つの世界は、決して悪い状況ではなく、それを無理に１つにしようとすることの方が問題であり、そもそも無理な話だったのである。異なる立場や意見、そして、異なる価値観をもつ世界の住人同士が、お互いにその存在を前提として認め合うことからすべての人類の平和で豊かな共存が実現する。交流を深めれば価値観を共有できるなどという迷信に惑わされることなく、異なる価値観の人々同士でも協力してお互いに儲ける方法や場所を探索する方法論が重要であり、同時に、お互いに交流せずに距離を置くこともまた、場合によっては必要であることを理解すべきである。

4　独裁国家の国民生活

独裁主義を検討する本章の重要な役目の一つは、独裁国家における実際の国民生活がどのようなものであるのかを、より具体的に提示することである。したがって、ここではそれをシミュレーションしておく必要がある。

▒学生・生徒

第1に、学校生活についてである。独裁国家に生まれた国民は、その最初の教育、すなわち学校教育において、国家の体制や独裁者に対して服従する国民を生産するためのあらゆる手段を用いた徹底的な思想・イデオロギー教育を施される。まず、家庭環境が問題となる。一方で、親が公務員や共産党員の家庭では、その親の地位を継承させるために、子どもが生まれた時から独裁体制の歯車として活躍できる人材に育てるための厳格な教育方針が貫かれる。他方で、親が公務員や共産党員でない家庭に生まれた子どもは、将来的に買弁階級へ出世させることを目標に厳しい躾をするか、あるいは最初からあきらめて権力者の言いなりに生きる楽な道を歩ませる躾をするか、いずれかの教育がおこなわれる。

また、学校生活における生徒や学生には、まだ幼少期から徹底して経済的な社会主義や政治的な共産主義のすばらしさが植え込まれ、逆に資本主義や民主主義は悪いものだと教え込まれる。そこには、独裁者に対する個人崇拝の要素も旺盛に取り入れられる。こうして、厳格な教師たちによる威圧的な学校教育を通じて、独裁者や国家に服従する強制的な忠誠心をもつ国民が生産され、そこではごく限られた選民エリート階級を例外として、反体制的な活動どころか、国家の枠組みを改革するという発想すら出てこない非理性的かつ非知性的な国民が育成される。その中で優秀な者、すなわち学業に秀でるだけでなく、独裁者への揺るぎない忠誠心をもつ生徒や学生だけが高学歴・高学校歴のお墨付きを付与されることになる。

社会人

第2に、社会人としての生活についてである。独裁国家の国民は、学校を出て社会人となる場合に、民主国家の国民と同様に公務員と民間人のいずれかの道を歩む。まず、選民エリートの子女や優秀とみなされた卒業生のほとんどすべてが公務員となるが、実はほとんどの独裁国家が採用している社会主義という経済体制には純粋な民間企業というものは存在せず、半官半民の企業形態が取られている。これは法律によって決められていることで、外資系も同様である。したがって、人々は完全な公務員か半分公務員かのいずれかの地位を得て生活することになる。また、半官半民の職場においては、いわゆる監視役として公務員、特に秘密警察や党員（後述）が送り込まれており、人事から経営にいたるまですべての局面において強い発言権をもっている。そのような環境の中で、人々は業務に従事する賃金労働者となるのである。

政治的動物

第3に、政治的動物としての社会生活についてである。独裁国家の国民には、独裁者の支援集団としての政党の党員と非党員がおり、それはほとんどの場合に共産党もしくは社会党という名称の政党である。前者、すなわち党員は、後者、すなわち非党員を監視対象としてその生活を見張り、また、イベントなどの場合には率先して後者の参加や協力を駆り立てる。また、上記の公務員はほとんどすべてが党員であり、逆に言えば、党員でなければ公務員としての権力的地位に就くことは困難である。よって、人々の多くは党員になることを望むが、主としてすでに党員になっている人間からの推薦に加え、さまざまな視点からの厳しい審査、特に思想審査が課せられているために稀少な狭き門となっている。

このように、学校で教師たちに忠実な生徒となり、良い成績をおさめて高学歴・高学校歴となり、公務員となり、党員となった者は、いわゆる選民エリートとしての生活を送ることになるが、当然、その子孫たちも同様の道を歩む。逆に言えば、こうしたエリート家庭に生まれ育つことが、独裁国家で保障された生活を確保する条件となる。いわゆる「エリートの世襲制」である。特に、党員の子女はほとんどの場合に親の推薦だけで党員資格を得ることができ、公務員としての職を得ることができる。

▒徴兵制度

第4に、独裁国家のほとんどは、いまだに徴兵制度を採用している場合が多い。したがって、男女を問わず成人の国民は、だいたい18歳からの1年半程度、軍事教練や軍務の経験を積むことになる。これは、上位下達の指令系統が徹底されていて、上官の命令に絶対服従の組織である軍隊での経験と教育を通じて、実社会でも上司に服従する人間、すなわち、独裁者に反抗しない気質の国民を育てることが最大の目的である。だからこそ、実際に戦争をしない国でも軍隊の徴兵制度が残存しているのであり、いわば軍隊を教育組織として活用しているのである。なお、この規定には国によって千差万別あるが、選民エリート階級への道を歩む者には、この兵役に免除や猶予が与えられるのは共通の傾向である。

こうして公務員なり民間人なり、また党員なり非党員として、人々は労働し、その対価としての賃金を得て経済生活を送る。ただ、民主国家のような資本主義的な経済社会は存在しないため、すべては独裁者と国家が決めたフレームワークの中で生きることになる。たとえば、所得、住居、居住地なども国家に指定されるのが通常であり、本人の希望は制限された範囲内で認可される。店頭で販売される商品の選択やその価格なども、国によって決められているいわゆる統制経済である。

また、独裁国家では国民の自由な政治活動は事実上禁止されており、あくまでも国家やその統治者たる独裁者が認可したり指示したりする活動のみがおこなわれる。典型的なのは、プロパガンダによって塗り固められたイベントへの参加である。こうした生活から逸脱した行動をとれば、即座に拘束されて処罰を受けるが、例えば犯罪行為に対する司法、すなわち裁判制度は事実上存在せず、担当官の恣意的な判断により処罰が決められてしまう。それは民主国家における一般的な罰金、禁固、懲役、死刑などに加えて、独裁国家特有の強制労働、強制移住、拷問、銃殺、その他、非人道的な処罰も含まれている。したがって、すでに何度も指摘したように、そうした被害を防止するために、本当に良識ある有能で優秀な人々ほど沈黙し、体制への無言の服従を自ら選択することになる。

さて、ここまで独裁国家の国民生活をシミュレーションしてきたが、それがわれわれ民主国家の国民生活とは随分と異なる生活であると実感できたことであろう。総じて言えば、独裁国家には一つの共通の思想・イデオロギーに規定された価値観や倫理観があり、それを踏襲した生活をしている限りにおいては、個人であると公人であるとを問わず、ある程度の安全な生活が保障される。

しかし、それを一歩踏み外すと、そこでは国家権力によって自由権や社会権を簡単に剝奪される非人道的かつ非文化的な生活を強いられることになる。最も危険なのは、反政府、反体制、反独裁者の発言や活動をした場合であり、その場合には、現実に迫り来る直接的な生命の危機に直面することになる。その点、われわれ民主国家の国民は、法律の範囲内であればそうした反体制の発言や活動も認可され、また、たとえ極刑に相当する犯罪者であろうとも、その処罰に至るまでの過程においては他者と同様に人権が擁護されるが、独裁国家では、統治行為の秩序を乱す犯罪行為を犯すような反体制的な人間に対してはそうした人権が守られることはない。なお、ここで示した社会生活のあらゆる時空において、すべての国民が秘密警察をはじめとする官憲の監視を受けていることは言うまでもない。

要するに、常に誰かに見張られている生活を生涯にわたって送るのである。

▒閉ざされた不自由な社会

以上、われわれ民主国家の国民から見ると、独裁国家における国民の非常に窮屈で常に恐怖を感じる不幸な生活をシミュレーションしてきたが、時間が経過し、時代が推移し、世代が積み重ねられていくと、こうした生活に人々の意識が慣れてしまい、それが当たり前のようになってしまうところに悲劇がある。われわれ民主国家の国民は、開かれた社会で自由な生き方ができることを良しとし、それによって生み出される社会の動揺や危険性はある程度許容するという道を選ぶ。しかし、独裁国家の国民は、社会が統一的かつ統制的に運営される秩序を最も重要な要素とし、そのために社会の開放性や国民の自由な生活が犠牲になっても仕方がないと容認するという道を選ぶ。どちらが正しいか正しくないかの善悪の問題ではなく、それはそれぞれの国民にとっていずれも正しい正義であり、選択の問題であり、合っているか合っていないかの問題なのである。

5　独裁主義の類型と国際比較

本章の最後に、独裁国家の種類を示しておく。独裁主義の類型化は、どちらかと言えば制度的支配の種類別、すなわち、どのような制度によってその国の独裁的な抑圧体制が形成されているのかを検討することで類型化できる。これは、次に見る権威主義国が、どちらかと言えば機能的支配の種類別によって類型化できるのと対比される。

(1) 類型化

個人崇拝型

第1に、ある1人の独裁者がもつ資質、スキル、実績などが作り上げるカリスマ性によって統治がなされるのが個人崇拝型の独裁主義である。このような類型の典型的な事例は現代ロシアである。この国では、プーチン（Vladimir Vladimirorich Putin）大統領の圧倒的なカリスマ的支配体制が確立しており、それを徹底的に国民に宣伝するプロパガンダ教育がおこなわれている。また、最近では中国の習近平（Xi Jinping）がこれに近づく努力をし始めている。

政党主導型

第2に、特定の政党もしくはそれに準ずる政治組織が、その圧倒的な権力により体制作りを主導して、国家の運営と国民に対する支配がおこなわれるのが政党主導型の独裁主義である。多くは共産党や社会党の看板を掲げる政党がこの役割を果たす。このような類型の典型的な事例は中国である。この国では、中国共産党が他を圧倒する一党独裁制または限りなく一党独裁制に近い一党優位制の政党システムの下で、議会や政府を超越して国家を運営し、国民を支配する体制が確立している。

▒世襲血統型

第３に、過去に実績を上げた独裁者の血統に対する国民の畏敬の念を利用して、抑圧体制を施行するのが世襲型の独裁主義である。このような類型の典型的な事例は北朝鮮である。この国では、建国時の指導者であった金日成（Kim Il-Sung）から、その子の金正日（Kim Jong-il）、さらには孫の金正恩（Kim Jong-un）へと続く独裁者の血筋による世襲支配体制が確立している。また、シリアのアサド（Bashar al-Asad）などもこのタイプになる。

▒宗教支配型

第４に、特定の宗派の宗教組織が国家の支配者として君臨するのが、宗教支配型の独裁主義である。多くはイスラム教系の宗派がこの役割を果たす。このような類型の典型的な事例はイランである。この国では、精神世界の指導者であるイスラム教の首長であるイスラム法学者たちが、そのまま現実世界の国家の指導者となる政治体制が確立している。

なお、実際には、これらのタイプの要素がいくつか組み合わさって独裁体制を作り上げていると言える。より具体的には以下のようである。

（2）国際比較

ロシア

まず、ロシアでは、大統領が首相をはじめとする重要ポストの人事権をすべて掌握している。議会、政府、司法など、あらゆる国家権力が大統領の独裁体制下にある。その根拠は、大統領が国民の直接選挙によって選出されることにあるが、しかし、その選挙自体が公正ではなく、ある特定の政治勢力、すなわちプーチン大統領およびその配下にある人物しか立候補できない。仮に彼らの当選を脅かすような国民に人気のある候補者がいても、選挙公示日に至るまでにさまざまな手段で消滅させられてしまう。よって、いわゆる出来レースのような選挙に勝利したプーチン大統領が独裁体制を堅持し、その個人的な意向によって内政も外交も遂行されることになる。大統領の超越的な地位と権限が規定された政治体制は、フランスの第5共和政にも見られるが、自由、平等、秘密の三原則が徹底された直接選挙で選出される大統領が支配するフランスと、似非選挙で選出された大統領が支配するロシアとでは、到底比較の対象にはならない。なお、ロシアでは独裁者以外に尊敬の対象があるのは不都合なため、人間を超越した存在としての神を崇拝する宗教活動は厳しい弾圧を受けており、政府の意向に従順でプーチン大統領を讃える教会や宗派のみが存続や活動を許されている。

中　国

次に中国は、現在、国家主席の習近平が、ロシアのような個人崇拝体制の確立を目指してさまざまな画策を遂行しており、ライバルになりそうな複数の人物を失脚させる事態が続いている。もともとこの国は、周恩来の体制以来、共産党中央委員会政治局のメンバーが国家運営のすべての権力を独占する高度に組織化された官僚体制の国家である。議会、政府、司法などの組織も形式的に存在しているだけで、すべてはこの30人ほどの政治局のメンバーによって政策決定がおこなわれる事実上の共産党独裁国家である。したがって、党の意向、最近ではその首領である習近平国家主席の個人的な意向により、内政も外交も遂行されることになる。なお、ここでも共産党や共産主義以外に国民が忠誠心をもつ対象があるのは不都合なため、この国では宗教は徹底して死滅させられつつある。よって、現存する寺社仏閣は、役所が管理する単なる観光資源として存続しているにすぎない。

▒北朝鮮

また、北朝鮮は、3代にわたる金一族およびその取り巻きの統治エリートたちが、国家主席をはじめとする国家の要職を独占し、すべての国家権力を掌握している。やはり議会、政府、司法なども形式的には存在するが、実際には看板だけで、すべては金一族の意向によって国家の運営がなされている。唯一の政党である朝鮮労働党も、既存の権力者たちの支援組織に過ぎない。国民は政府や国家に対する異議申し立てや反体制活動どころか、政府に従順で金正運を讃える意思と行動をアピールして生活しないと、衣服や食料すらも確保できない。なお、やはり金一族や祖国以外に国民が忠誠心をもつ対象は邪魔なため、この国では宗教は完全に絶滅している。

■イラン

さらに、これらの独裁国家がいずれも宗教を否定しているのに対して、イランは宗教と政治を一体化させた体制の独裁国家である。イランの最高指導者はイスラム法学者たちの首領がその地位についており、大統領や首相なども存在するが、すべてはこの最高指導者およびその配下のイスラム教組織の高位者の意向によって国家の運営がなされている。国民は、現実世界の政治指導者たる大統領や首相によって統治されるが、その大統領や首相が精神世界の指導者である高位のイスラム法学者たちによって統括されているため、あくまでも彼らの意向が内政にも外交にも反映され、国民は現実世界においても精神世界においてもそれに逆らうことは許されない抑圧体制の中で生活している。なお、ここで敢えて指摘しておかねばならないのは、ロシア、中国、北朝鮮などは宗教を否定しているにもかかわらず、その実、宗教や宗教国家が有している論理や統治形態と非常に類似する擬似宗教国家とも言うべき特徴を有しているということである。いわば、独裁国家は擬似宗教国家と理解することもできよう。

■共通の特徴

ところで、これらの独裁国家を概観するとすぐに気づくのは、第1に、独裁主義の政治体制は、民主主義の政治体制と比較して権力体系に一貫性や明確性および効率性があることである。政策決定も権力行使も、上位下達の一元性があってわかりやすい。ただ、一般に世間では一貫性や効率性があることはよいことのように解釈されるが、少なくとも政治体制の場合には、こうした特徴こそが国民の自由や人権を抑圧するシステムの根源となっている事実をよくよく認識するべきである。つまり、民主主義の政治体制は、独裁主義の政治体制と比べて一貫性や効率性が劣ることによって、それが国民の自由や人権を守る構造的かつ機能的な根拠の温床となっているのである。権力体系が多元的で非効率であればこそ、国民の自由や人権が守られる余地が残されているからである。この点は、次に検討する権威主義の政治体制においても同様のことが言える。民主主義は、多元的で非効率であるがゆえにコストがかかる。しかし、それは国民の自由や人権を守るために必要な代償なのである。

これに加えて、第2に、いずれの国もかつては大国だったという歴史的経験がある。王朝時代の中国は長きにわたってアジアの地域大国であったし、イランはかつては世界文明の先駆的役割を果たしたペルシャ帝国の末裔である。特にロシアは、帝政時代はユーラシア大陸にまたがる大国であったばかりでなく、冷戦時代はアメリカと世界を2分して地球の半分を子分として従えた超大国であった。また、北朝鮮は比較的小型とはいえ、李氏朝鮮や大韓帝国の時代には半島を統一した経験があり、その後ろ楯であった中国は地域覇権国であり、自らはその一番手の子分であった。このように、かつて祖国が大国だった、もしくは大国の子分筆頭だったというプライドは、現在の独裁国家の国民に大いなる愛国心を抱かせる温床となり、統治者のプロパガンダを受けて独裁体制への忠誠心の根源となる気質を育ませる歴史的土壌となるものといえる。国民の愛国心は確かに重要で尊いものであるが、度が過ぎればそれが独裁主義を招く要因になってしまう。この点で、日本のように、敗戦により大日本帝国の栄光が潰えた後に政治体制を刷新した国が民主国家になったのとは、根本的に異なる歴史的経験を共有している。

6 結語

以上、独裁主義の定義、独裁政治が生み出される要因、独裁体制の特徴、独裁国家への対策、独裁国家における国民生活のシミュレーション、独裁国家の種類などについて検討してきた。ここで提示されたフレームワークを独裁主義の分析視角として活用し、独裁国家の特徴と論理をよく理解した上で、それに対して上手な外交手腕を発揮しつつ、わが国をはじめとする民主国家が自己の国益を確保するとともに、これ以上の独裁主義の感染を防止できることを願うものである。

残念ながら、中国、ロシア、北朝鮮、イランなど、よく耳にする代表的な国々に限らず、日本やアメリカなどのごく少数の例外を除いて、独裁国家が世界中にあふれる時代がやってきた。われわれは好むと好まざるとにかかわらず、この世界で彼らのようなわれわれとは根本的に価値観の異なる非民主主義の国家群と共存しなければならない。そのための指針として、われわれは独裁主義の特徴を可能な限り一般化し、その分析視角をさらに整理することが必要である。敵を知り己をよく知ることのみが、われわれ自身が生き残る唯一にして絶対にして最高の良策に他ならないからである。その意味で、本書が民主国家の国民にとって非民主主義というウイルスの感染を予防するワクチンとしての機能を果たすことを期待する。

注

(1) 政治学のエリート理論の定番業績であるロベルト・ミヘルス (1990) に示された論理である。
(2) 為政者が遂行するプロパガンダの理論については、石井 (2022) 総論2所収で論じている。
(3) ナチズムの議論で必ず引用されるミルグラム (2008) には、人間は閉鎖的な状況の中では権威者の命令に無意識に従ってしまう傾向をもつという実験結果が示されている。
(4) 同様の指摘は経済関係の在外ジャーナリストからもされている。アレン (2022)。

第3章　誘惑（temptation）：権威主義の罠

さて、非民主主義の第2に取り上げる政治体制は、権威主義である[1]。権威主義は、独裁主義と民主主義の中間に位置付けられる体制であり、民主主義から独裁主義へ移行する過程の政治形態である[2]。要するに、それは非民主化過程の途上にある体制である。その意味で、民主国家が独裁化への過程に陥る入口が、いわゆる権威主義の罠である[3]。ここでは、その権威主義について総合的見地から検討する。

1　権威主義という妖怪

昨今の日本では、不祥事が発覚した大臣が更迭や辞任を強いられる事例が多く見られる。国民世論の圧力が、こうした不適切な権力者をその地位から引きずり下ろすわけである。こういう現象に直面すると、例によって巷ではすぐに政策が安定しない、政権への信頼が喪失する、首相の任命責任を問うなどと批判される傾向があるが、しかし、実はそれが誠に残念ながら政治の本質に対する短絡的かつ本末転倒な誤解であると苦笑している良識派の人々は意外に多いのではないかと期待している。

果たして、不祥事が発覚した大臣を国民世論の圧力で即座に辞職願いさせることができる国など、世界広しといえどもほんの一握りの国だけではないだろうか。いったいこれを民主国家と呼ばずしてなんと呼ぶべきであろうか。むしろそれは日本が立派な民主主義（democracy）の国である証拠事例なのではないだろうか。

いうまでもなく、日本以外の国では、そうした場合に権力者をその地位から引きずり下ろすのは至難の業である。たいがいは次の選挙まで我慢しなければならない。それでもまだ、落選させる可能性を有する政治体制であれば立派な民主国家であると言える。というのも、なにしろ独裁主義（dictatorship）や権威主義（authoritarianism）の国では為政者を批判をすること自体がままならず、そのような言動をした国民は国家による監視や処罰の対象となるばかりか、いずれは官憲によって更なるひどい扱いを受けることになるのが通例だからである。

すでに指摘したように、実に全世界の4分の3以上の国々は非民主的な政治体制の国であり、よって全世界の人口の80パーセント以上の人々がそのような国の国民なのである。おまけに、時空を超えた数多くの批判を受けながらも、依然として独裁国家はなくならない。それどころか、近年、民主国家の中からも独裁化への道を歩み始める、すなわち権威主義化する国すら出現している。

権威主義の罠

ここでは、民主主義と独裁主義の中間形態の政治体制をいわゆる権威主義として定義し、理論的および実証的な検討を試みる。その対象は、第1に、民主国家から独裁国家へと向かう途上にある国々であり、第2に、独裁国家から穏健化はしたが、依然として権威主義国家の段階に踏みとどまっている国々となる。重要なことは、いずれの国々も権威主義体制のまま固定化したり、あるいは権威主義からさらなる独裁主義へ移行する傾向を強めてはいても、その逆、すなわち権威主義国から民主国家へ移行する兆候は残念ながらほとんど見られない点にある。それはあたかも、民主主義へ戦いを仕掛ける「権威主義の誘惑」とも言うべき姿にさえ見える。

われわれが目指す研究目的は、まさにその民主化できない、あるいはしない理由、すなわち、当該国が権威主義体制であり続け、独裁国家へ移行しそうではありながらも、逆に民主国家には移行しない要因の探究である。換言すれば、なぜ民主国家が権威主義化するのか、なぜ独裁国家が権威主義化してもさらなる民主的な体制へと移行しないのか、その理由の探求に他ならない。

その過程でわれわれは、当該国を取り巻く国際関係などの外生要因や、当該国の国内の政治過程の構造的特徴などの内生要因とともに、当該国の国民気質、すなわち、権威主義的な政治体制を良しとする国民の価値観を見ることになる。要するに、自国が権威主義体制であることを望む国民意識の存在である。また、国によっては秩序維持や経済発展のために権威主義体制を必要とする国もあることを念頭に置きつつ、そのような国の諸事情についても考察する。さらに、少なくとも今後、短期的・中期的にはこうした非民主国家と共存しなければならないわれわれ民主国家が、権威主義の誘惑から自国の民主主義を守るための対策についても検討する。

本章は、そもそも権威主義体制の国家とはどのような国であるのか、そして、そのような国の国民がどのような価値観をもつ人々であるのか、それを学習するための指針としての意義をもつ。好むと好まざるとにかかわらず共存しなければならない以上、われわれの課題の第1は、果たしてどのような相手であるのかを知ることである。

2　権威主義と独裁主義

少数者による政策決定

権威主義とは、第1に、独裁主義と同様にして、国家の政策決定が一部の少数の権力者によって勝手に決められ、国民がそれに従うことを強制させられる政治体制である。そのため、すべての国民の活動は体制への奉仕となり、自由や人権は制限され、その思考や行動が権力装置によって監視されている社会体制である。そして、その目的はスピーディーな政策決定と包括的な国民統治である。この迅速性（promptness）と包括性（comprehensiveness）という二つの目的は、コストの節約という点で民主主義に優越する特徴ともなっており、ここまでは独裁主義と同様であり、これが権威主義を理解するための第1のコンセプトである。

複数の政治主体

しかし、第2に、独裁主義とは異なり、国家が決定した政策へのある程度の反論や反発は許容される。その意味で、権威主義は民主主義と独裁主義との間の中間形態の政治体制であり、権力が1人もしくは少数の権力者が完全に掌握している独裁主義とは異なり（power concentration）、それぞれの政治勢力の主体が権力の棲み分け（power sharing）をしつつ、利権や争点によって相互に対立・協調を繰り返しながら、国民への抑圧体制を形成・維持して統治する点に特徴がある。権威主義体制を理解する際に必要なコンセプトの第2は、この権力の棲み分けという状況である。

非イデオロギー性

第3に、それぞれが拠って立つ論理に相違や差違を有する政治主体が、お互いの縄張りを設置して権力の棲み分けをしているのだから、当然、そこに統一的なイデオロギーは設定しにくい。したがって、独裁主義体制とは異なり、権威主義体制下ではいわゆる政治的多元主義（pluralism）の状況が生ずる。これが第3のコンセプトである。

独裁者の不在

第4に、以上のような政治状況を前提とすれば、そこに独裁国家のごとき圧倒的な権力を有する独裁者は不在であることが容易に想像できる。もちろん、いかなる政治にもその中心軸となるリーダーとリーダーシップが必要であるため、国家全体をまとめる指標としての元首は存在するが、それは独裁者というよりももっと柔らかい意味での政治的リーダーと彼もしくは彼女が執りおこなう政治的リーダーシップであり、いわば創造型よりも管理型や象徴型の要素を強く有している。まさにそれがこのような政治体制を独裁主義ではなく、また、敢えて権力ではなく権威という用語を使って権威主義と呼ぶ理由である。ここに第4のコンセプトがある。

▒穏やかなプロパガンダと言論統制

第5に、言うまでもなく、国民を抑圧する体制の根幹を揺るがすような反発や反乱を防止するために、国家の政策がいかに正しいかを宣伝するプロパガンダは遂行されるが、国家への批判を完全に押さえつける独裁主義とは異なり、ある程度の言論による批判や反論は許容してガス抜きをさせるのも権威主義の特徴である。したがって、言論統制なども緩やかである。これが第5のコンセプトとなる。

▒政治的無関心

第6に、権威主義は、独裁主義のように物理的強制力によって国民を国家政策に動員させる傾向は独裁主義ほど過激ではなく、反乱分子が暗躍するのを防止するための監視体制も整備されてはいるが、国民の国家への忠誠心を精力的に育成するというよりも、むしろ国民の意識として政治的無関心（in-difference）を醸成することを目指し、そのために歴史的な伝統を評価し、現状維持を良しとする価値観を植え付けることに専念する。これが第6のコンセプトである。

▒社会主義経済体制

第7に、国民の意識の側から見れば、優秀で有能とおぼしき統治エリートたちに任せておけば、自分たちはある程度安全で快適な生活を持続的に獲得することができるという保守的な思考が社会に蔓延することになる。したがって、そのような価値観や社会風潮に支えられた体制であるがゆえに、経済的には必然的に社会主義的な政策が施行されることになる。これが第7のコンセプトである。

さて、以上のような政治体制としての権威主義の一般的な特徴をふまえた上で、以下、各国で過去に施政されたり、もしくは現在も施政されている実際の事例を検討するのがこの章の役目である。より具体的には、権威主義の定義、それが生み出される要因と防止法、独裁化の危険性と民主化の可能性、権威主義国との付き合い方などのテーマを理論的に論じていくことになる。

3　権威主義体制の定義

さて、改めて権威主義とはどのように定義できるのだろうか。また、どのような理念を土台とした政治体制であるのだろうか。さらに、その体制を構成する主体や成立の要因、防止策などはどのようなものであるのか。実際の権威主義国の事例について検討する前に、まずは権威主義の分析視角について理論的に整理する必要がある。それがこの章の役割である。

権威主義の本質

敢えて繰り返すが、権威主義とは、国家の政策決定が一部の少数の権力者によって勝手に決められ、国民がそれに従うことを強制させられる非民主的な政治体制である。したがって、すべての国民の活動は国家への奉仕となり、自由や人権は制限され、その思考や行動は常に権力装置によって監視されている抑圧的な社会体制である。こうした体制の目的は、スピーディーな政策決定と包括的な国民統治である。この二つの目的は独裁主義体制と共通のものであり、民主主義体制よりも利害関係や意見の調整に関わるコストを節約できる点で優越する特徴にもなっている。このように権威主義体制と独裁主義体制は共通の要素が多いが、しかし、前者は後者と比較して、国家の決定に対する国民からのある程度の批判や反発は許容する。その意味では、いわば民主主義と独裁主義との間の中間形態の政治体制である。

ところで、民主主義と同様に、権威主義や独裁主義などの非民主主義的な体制の論理も、人間が根源的に有する欲求によって支えられている。人間は他の動物以上に、他者と平等でありたいという生存本能を越えて、他者よりも優越した存在でありたいという欲望を強く有している。名誉欲などに代表されるこの種の欲望は、いかに精神的な修練を積んでもなかなか克服できない厄介な欲望であるが、一方ではこれが他者との争いや戦争を引き起こす火種になるとともに、他方では文明や文化の発展を生み出す原動力ともなる。こうして、他者よりも優越する地位や状況を実現するためにどのような手段を選択するかの違いが、民主主義になるか非民主主義になるかの樹木図の分かれ目となる。

そこで、あくまでも個人の自由な意思と活動による実現を目指せば前者となり、組織や国家に主導された活動による実現を目指せば後者となる。前者は自己のスキルと責任によって活動するが、後者は集団の一員として活動するため、前者の方がはるかに労力を必要とする。権力者の言いなりになっているのが一番楽な生き方であるのはそれが理由である(4)。果たしてそれをコストの節約からくる合理的選択という視点から見ることも可能ではあるが、しかし、そのために自由な思考や行動や人権を犠牲にする以上は、それは合理性ではなく逃避であり、挫折である。要するに、人間にこうした楽な道を選択したがる怠惰な情念がある限り、民主主義が権威主義や独裁主義へ移行する危険性、すなわち権威主義の罠は不滅である。

ところで、すでに前段で権威主義を理解するための7つのコンセプトを指摘したが、ここで改めてそれらの論理的連関性を整理しておかねばならない。権威主義の本質とは、まさにこの7つのコンセプトだからであり、これらはすべて権威主義を形成する連携した構成要素だからである。

■権力の棲み分け

第1に、各政治主体による権力の棲み分け構造（power sharing）である。権威主義は独裁主義のように絶対的な権力集中型の政治システムではなく、さまざまな権力をさまざまな政治主体が問題領域によって棲み分ける権力分散型の政治システムである。すなわち、それぞれの政治主体は各問題領域ごとに自己の権力の母体となる支援組織や、手足となる行政機関を有しており、これらの主体間が利権をめぐって相互に対立したり協調したりすることで、国家全体として国民に対するエリート主義的な抑圧体制を維持するのである。このことは、権威主義が独裁主義と民主主義の中間形態の政治体制であることを示している。なお、ここで言うそれぞれの政治主体の詳細な解説は次段に譲る。

▒政治的多元主義

第２に、非統一イデオロギー性と政治的多元主義（pluralism）である。権力が複数の政治主体によって棲み分けされている以上は、そこでは国家全体を統制する統一的なイデオロギーや思想は設定しにくい。それぞれの政治主体にはそれぞれの思想的な基盤があるからである。したがって、権威主義体制はこうした政治的多元主義を特徴とする。このことは、必然的に異なる政治信条の存在を認可する体制となるため、したがって権威主義の社会では独裁主義の社会とは異なり、国民による政策や体制への批判や反発はある程度の範囲内で許容されることになる。すなわち、全国民が一丸となって体制批判をするような状況になることさえ回避できればよいのである。むしろ、ある特定の政策を批判する者もいれば賛成する者もいるというある程度の論争の状態は、それが分裂国家の状況までには悪化しない限り、まさしく統治者にとっては渡りに船の国情として利用できるからである。

▒政治的リーダー

第３に、政治的リーダーと政治的リーダーシップ（political leadership）の要素である。[5] 政治社会の論理として政治的多元主義が施行されているのだから、そこには独裁国家のような圧倒的な絶対権力を有する独裁者は君臨しにくい。ただ、国家を政治的にリーディングしていくためには、権力を棲み分けている複数の各政治主体の調整と統制をはかり、国家の枠組みとしての協力体制を整備して国家運営をさせる調停役は必要である。なぜなら、もしこの役割を果たす人間がいなければ国家が分裂状態となり、その存立基盤が脅かされるからである。いわゆる国民統合の必要性であり、全体としてのまとめ役の必要性である。それが政治的リーダーと政治的リーダーシップとなる。したがって、ここで登場するリーダーは、独裁国家の独裁者のような現実的な権力者というよりも、もう少し柔らかいレベルの準独裁者のような存在であり、政治的リーダーの類型で言えば、創造的リーダーではなく管理型リーダーもしくは象徴的リーダーとしての資質を多分に有するリーダーとなる。また、その活動も国民統合のための比較的穏健なものとなり、独裁国家の独裁者のような強権的な権力行使とは異なる。

プロパガンダ

第4に、プロパガンダ（propaganda）の展開である。(6) すでに指摘したように、体制や政策に対する批判や反発がある程度許容されるとはいえ、国家全体の根幹を揺るがすような反乱分子の暗躍は許されない。したがって、その権力の正当性や正統性を国民に宣伝するプロパガンダが必要となる。その場合に、独裁国家のような独裁者への個人崇拝の要素は少なく、まずは国内外における脅威を示し、それに対処するためには現在の体制による国家と国民の団結が必要であることを訴え、そのためには伝統や格式を重んじる社会風潮を奨励しつつ、結果的には統治者が統治しやすい優等生の国民を育成するための宣伝がおこなわれる。したがって、このような政策傾向は学校教育や労働者の人事査定における評価基準にも反映されることになる。

▒政治的無関心

第5に、非動員性と政治的無関心（political indefference）の状況である。プロパガンダがおこなわれるとはいえ、それによって国民の危機意識を煽りたてて総動員するようなことはせず、むしろ権力者にとっては国民の目を政治から遠ざけ、政治的無関心の風潮を蔓延させて統治する方法が合理的となる。また、政治的無関心はエリート主義体制への同調圧力を生む(7)。すなわち、難しい政治向きのことは優秀な連中の有能なスキルにまかせて、われわれ国民は日々の生活を大過なく送ることを心がけていれば幸福になれるという国民意識であり、価値観である。彼らにとっては、民主主義のように、無知なる大衆が政策決定に参画するのは非合理的であり、そうしたいわゆる衆愚政治で無用なコストを浪費するよりも、最初から頭のいいやつらにまかせておくのが得だと考えるのである。なお、このような意識は単にその時々の社会風潮によって生み出されるものではなく、当該国の歴史的な土壌や風土やそこに住む国民の気質にも多くを依存する。したがって、実はある国が権威主義になるかならぬかは、良い悪い、正義不正義の問題であるとともに、むしろ当該国および当該国民に適性があるかどうか、すなわち、合うか合わないかの問題である要素が多いと考えられる。

▒社会主義経済体制

第6に、社会主義経済（socialist economy）の経済システムである。国民に政治的無関心が蔓延しているため、政策の立案や遂行が一部の少数の権力者たちによって決定される国家体制となるので、それは経済政策においても同様であり、そこでは必然的に社会主義的な計画経済が施行されることになる。社会主義経済とは、端的に言えば、生産手段の公的所有を基盤として国家が主導して経済活動をおこなう経済政策であるから、国家の運営を少数エリートにまかせる合理性の罠に依存する国民にとっては、大いに適正のある手法であるということになる。社会主義経済政策はまた、国民の思想教育の一翼を担うことになる。経済政策としての社会主義の学習は、同時に、その正当性を社会主義や共産主義などのマルクス主義思想の知識を土台として成り立つものだからである。

擬似宗教国家

第7に、擬似宗教国家（pseudo religious nation）という特徴である。すでに独裁主義の政治体制を論じた前章でも指摘したことであるが、実は権威主義の統治形態も独裁主義の統治形態と同様にして、宗教組織が有する支配形態とよく類似している。たとえば、権威主義国がプロパガンダによって国民を啓蒙する対外的危機感や対内的秩序の重要性は、宗教の経典のように人々の現実世界の生活や精神世界の心情に大きな影響を与える。また、ちょうど国家の法律は宗教の戒律のように国民の行動を規制する。統治エリートたちは、対外的な独立と対内的な秩序を現実社会において実現する役目を担った使徒であり、その頂点にいる権力者はあたかも宗教の教祖のような存在、すなわち、神の代理人として現世に遣わされたとされる仏教のブッダ、キリスト教のイエス、イスラム教のムハンマドのような存在を気取っていると言える。要するに、独裁国家と権威主義国は、程度の差はあれども同種の統治形態なのである。したがって、権威主義国の役所官庁は、独裁国家と同様にして布教活動の手足となる教会や寺社仏閣のような存在であり、その業務に従事する役人官僚は教会の牧師やお寺の僧侶のような形態をマネている。

また、繰り返しになるが、宗教では何かうまくいかないことがあれば、すべては神の成せる業としてあきらめる悟りの教えが信者に対しておこなわれる。この世のすべての事象は、神さまに何かお考えがあってのことなのだというわけである。権威主義国において、立派な人格で有能なスキルをもった統治エリートたちが失敗するはずはないし、仮にうまくいかないことがあっても国民自身がやるよりはマシだと考える思考回路を教育されている国民は、まるで宗教家に教えを説かれて納得してしまう擬似信者そのものである。その意味で、政治的無関心は擬似信仰心のようなものである。

一方では、ロシアや中国のように、国民が、共産主義や社会主義の思想、国家、統治者など以外に畏敬の念を抱く存在がいると不都合であるために宗教を弾圧して消滅させようとする独裁国家や権威主義国もあるが、他方では、イランやサウジアラビアのように、宗教と政治を一体化させることで独裁国家や権威主義国を作り上げている国もあるのはそのためである。

宗教はあくまでも精神世界の哲学であり、それが精神世界にとどまる限りは悪とはならないどころか、人間が精神世界において神を敬い、敬虔な信者として現世で生活すること自体は大変尊い所業である。しかし、宗教が精神世界を超えて現実世界に逸脱してしまうと、日本のオウム真理教をはじめ、数多の悲惨な事件、時には戦争という大きな悲劇を引き起こす場合が多い。その意味で、権威主義国は独裁国家と同様に、宗教が有する信者をまとめる手法を真似て、それを悪事に利用した典型的な事例であり、権威主義国のプロパガンダは独裁国家の共産主義や社会主義と同様に、それを経典とする擬似宗教国家とも言うべき体制を作り上げることで、国民の自由や人権を侵害する抑圧体制を正当化している。

開発独裁

言うまでもなく、以上の7つの要素は、それぞれ論理的な連関性を形成しつつ権威主義体制の構成要素となっているわけであるが、ここで敢えて指摘しておかなければならないことが2つある。それは、第1に、当該国家が置かれている内外の状況によっては、対外的秩序すなわち独立、対内的秩序すなわち治安維持、そして、経済発展を実現するために権威主義体制を施政する必要がある場合も存在するという事実である。以下の議論でも指摘するように、対外的な脅威、対内的な錯乱要因、または、緊急な対応を迫られる非常事態などにおいては、通常の民主主義体制では時間や統制などの莫大なコストがかかるため、その負担を回避するために権威主義的な政策が必要となるのである。ここに、いわゆる権威主義的開発独裁なる用語の存在意義がある。

第2に、すでに権威主義体制下にある国において、もしも国家の運営がうまくいかない状況、たとえば、頻繁に他国から侵略される、国内の治安が乱れたままである、経済状態がずっと停滞し続けているなどの状況が長きにわたって続き、その改善の可能性が感じられず、国民の不満が鬱積して将来への不安が払拭されない場合には、国民は例によって「もっと有能なリーダーによるさらに強いリーダーシップ」という魔物の到来を期待することになり、その国民の意識の高揚と気質の要素が、いずれ独裁国家化を招く危険性があることに他ならない。

4　権威主義を構成する政治主体

すでに指摘したように、独裁主義体制と権威主義体制の共通点は多いが、前者が独裁者とその直属の少数エリートによって集権的に統治される抑圧的な政治体制であるのに対して、後者は、さまざまな政治勢力の主体がそれぞれの縄張りとしての権力領域を棲み分けながら、各種の問題領域や利権をめぐって相互に対立と協調を繰り返す均衡の上に統治がなされる抑圧的な政治体制である点が相違する。その意味で、権威主義は、いわば「柔らかい独裁主義」または「穏健な独裁主義」ともいうべき要素を多く持ち、したがって、国家を主導したり国民を抑圧したりする程度にも差異がある。したがって、ここでは権威主義体制を構成する政治主体の一般的な種類について解説する。

▒官僚組織

第1に、なんと言っても官僚組織である。官僚組織は、それ自体が政治主体ではあるが、どちらかと言えば他の政治主体の配下で手足となって権力を行使する役割、すなわち政策遂行を担う行政組織である。すでに指摘したように、権威主義体制はそれぞれの政治主体が自己の専門的な問題領域を縄張りとして権力の棲み分けをしている政治体制であるから、その配下に自己の政策決定事項を具体的に実施する各省庁の行政組織が必要なわけである。なお、政治主体としての官僚組織は、この行政組織としての自身の権力基盤を持続的に維持すること、すなわち、国家の基本的な枠組みとしての権威主義体制を維持することを目的とした主体であり、それに付随して、自身への予算配分で優位に立とうとする各省庁に見られる組織行動の論理と傾向は民主国家のそれと同様である。

軍隊と警察

第2には、軍隊と警察である。軍隊と警察は、統治行為を裏付ける物理的強制力であり、国家公認の武装装置として有事の際に人命を殺傷する権限と能力をもつ組織である。権威主義にしろ、独裁主義にしろ、非民主主義的な政治体制の国家にとって、こうした物理的強制力は権力の最大の源泉であり、担保である。したがって、開発途上国では軍部や警察がそのまま政治権力を握る立場となる軍事独裁または警察国家の形式をとり、文民統制の原則を踏襲しない国も多い。また、このような対内的な抑圧組織としての役割とともに、対外的には他国を威圧する役割も果たす。後段で指摘するように、権威主義国は対外的な脅威によってその政治体制を採用している場合も多いからである。したがって、その政治主体としての利権は軍事や治安維持の予算の持続的極大化であり、その目的を実現するための対内的脅威、すなわち体制への反乱分子の危険性と、対外的脅威、すなわち他国からの侵略の危険性を常に訴える活動を展開する。

宗教組織

第３は、宗教関係の組織である。イスラム教やキリスト教などの教会に代表される宗教組織は、人間の精神世界のメルクマールであり、国民の内面的要素を統括する能力をもつ組織である。精神世界における唯一にして絶対にして最高の存在たる神という概念は、他人志向型でエリート主義に依存する体質の国民の統括や育成に寄与するからである。ただ、実際の政治権力者と宗教界の頂点にいる者の利害が対立する場合には、国民が分裂して体制の秩序が崩壊する危険性もあり、両者は往々にして相互の利害関係の調整をはかるためのコミュニケーションを活発化させる。なぜなら、国家が分断化して体制が揺らぐことは、政界と宗教界の双方にとって不利益だからである。したがって、開発途上国の中には宗教の頂点にいる者と政治の頂点にいる者が同一人物であったり、双方の組織の人事が多分に重複している国もある。また、政治主体としての教会や宗教団体の利権は、信教の自由の確保と布教活動の擁護であるから、その目的を実現するために、現実世界の他にも来世や神や天国または地獄などが実在すると訴え、組織としての社会的発言力を持続的に極大化させるために信者の獲得に努力するのである。

国王と王族

第4に、国王およびその一族たる王族である。宗教が国民の精神世界の統括者であるのに対して、王や王室は国家と国民の現実世界において尊敬される対象としての象徴、すなわち、国民統合の象徴としての役割を果たす。多くの場合に、王は象徴的存在であるとともに国家元首の地位にもあるため、精神世界における神と同様にして、こちらは現実世界における唯一にして絶対にして最高の存在として、やはり国民の他人志向型でエリート依存型の気質の培養に寄与するのである。また、開発途上国の場合には、旧宗主国とのコネクションのパイプ役となる場合も多い。さらに、政治主体としての王や王室の利権は、王制の存続と権威の維持であるから、その目的を実現するために歴史や伝統または神話などを重視する文化の風土を浸透させる活動を展開するとともに、各種の派生団体を組織化していわゆる王党派の国民を増大させる努力をする。

財閥

第5に、財閥、または企業グループなどの経済組織である。財閥または企業は、国家の経済活動の基盤を成す組織であり、財政の基礎を統括する組織である。また、政治資金の提供者として、政治家や政党などの支援団体としての側面をもつ。開発途上国の場合には、王や王室とともに旧宗主国とのコネクションのパイプ役となる場合も多い。外資の誘致や現地法人の育成などにおいて当該国の政治家や官僚などとの間に入り、その協力者・調停者としての機能を果たせるからである。特に、国家の公共投資を受託する大資本の財閥や巨大企業は、国家の経済政策の根幹的な担い手となる組織、すなわち国策会社であり、こちらも開発途上国では官僚組織との人的な癒着が顕著である。そこでは、主要な官職にいた者が退職後もしくは現職のまま基幹産業の企業の経営陣に加わる場合が多いのは、民主国家と同様である。また、政治主体としての利権は経済活動に対する国家のバックアップであるから、その実現のために外交や軍事などの国家的活動の拡大路線の必要性を主張するが、単に国家の経済活動における先兵となるだけでなく、先進国である民主国家が開発した技術や商品の横取りや窃盗やコピーなど、国際的かつ産業的なレベルでのインテリジェンスのような役割も担う。

政　党

第6に、ここでやっと政治家と政党が登場する。政治家とその集団としての政党は、国家運営の公式な運営者であり、国民のさまざまな利害関係を集約し、表出し、調整する役割をもつ組織である。なお、政治家集団はそれ自体が政治主体であると同時に、他の政治主体間の利害を表出する代弁者でもあり、それぞれの派閥や政党が他の政治主体の支援を受けて選挙を戦うことになる。よって、議会は各政治主体の利権を調整するアリーナとしての意義をもっているため、すでに述べた政治的リーダーがその調停を仕切る存在として位置付けられる。また、政治主体としての利権は議会主義と法の支配の原則の維持ではあるが、支配者たる自分たちの権力を脅かすような国民の人権主義や平等主義の高揚は抑えつける活動をおこなう。

■組　合

第7に、労働組合や左翼団体などの経済社会組織である。労働組合は、財閥や企業に対抗する勢力であると同時に、その円滑な関係を維持するために経済的動物としての国民、すなわち、労働者を企業と同様に経済面から組織化する役目を果たす組織である。また、開発途上国の場合には非民主主義国家陣営の主導国家である中国やロシアとのコネクションのパイプ役となる場合も多い。もともと労働組合の存立基盤となる理念は企業優先の社会状況への対抗組織としての思想であるから、企業が政権党、すなわち与党の支援者となるのに対して、その対抗馬としての野党の支援者としての側面も有する。これもまた民主国家と同様である。したがって、政治主体としての利権は労働者の経営参加や賃金向上などの労働環境の改善であるが、その実現のために労働組合出身者または組合とつながりの深い人物を議会へ送り込む政治活動も展開する。

■マフィア

第8に、マフィア、すなわち、ギャングなどの犯罪組織のネットワークである。これは、軍隊や警察、政治家や政党、財閥や企業、労働組合などの表の世界の組織に対して、こちらは裏の世界を取り仕切る非合法の組織である。また、多くの場合に、違法行為を通じた暴利、たとえば麻薬や武器の密売などの利益をあげている。特に、開発途上国の場合には、国際犯罪者集団や次に述べる武装勢力やテロリスト集団とのコネクションのパイプ役となる場合も多い。同時に、先住民族のネットワークとの繋がりも深い。政治主体としての利権が非合法活動への国家の融通性の確保である以上は、政治家、官僚、軍人、企業などの有力な政治主体の主要な人物およびそれらの主体組織そのものに対する寄付、献金、贈賄などをおこなう。

▒研究機関

第９に、学校や研究機関である。権力者が統治しやすい優等生型の国民を育成するための組織が教育機関としての学校であり、また、高等教育機関は同時に、軍事や民生の技術をはじめとする研究開発機関としての側面を有する。学校はまた、何よりも次世代の支配者たちを育成する組織でもあり、いわばエリートとノンエリートの双方を量産する機能を果たしているが、前者の才能をもつ者は比較的早期のうちに優良な人材としての選別がおこなわれ、いわゆる英才教育が施行される。ここで、政治主体としての学校の利権は教育活動と研究活動に対する国家のバックアップであるから、その実現のために官庁や企業に優秀な人材を送り込む実績をあげたり、有力な政治家や軍人に研究成果を売り込んだり、国家の主要な人物の子女を有名な学校へ情実入学させたりする。

▒武装勢力

最後に、武装勢力、すなわち、テロリスト集団である。武装勢力とは、国家の枠組みの中というよりも、その周縁部で活動する非公認の軍事組織である。したがって、それはいずれの国にとっても非合法の戦闘集団であり、厳密には、ある特定の国の権威主義体制を構成する正式な政治主体ではないが、すでに登場した軍部、教会、財閥、左翼団体、マフィアなどと連携している場合もあるため、ここで補足主体として取り上げておく必要がある。特に、開発途上国の場合には、マフィアとともに国際犯罪集団や主としてイスラム系の国際テロリスト集団とのコネクションのパイプ役となる場合も多い。同時に、やはり先住民族のネットワークとのつながりも深い。政治主体としての利権は、支配地域や所属戦闘員に対する国家の保障であるから、その実現のために国家が遂行する軍事活動や治安維持活動への支援をおこなう。

すでに述べたように、権威主義体制は、これらの政治主体が各問題領域ごとの縄張りにおいて権力の棲み分けをしつつ、相互に利権や争点をめぐって対立・協調しながら、少数のエリート集団が権力を独占する抑圧的な政治体制である。また、それぞれの政治主体は自身の縄張りとする問題領域の行政組織、すなわち各省庁たる官僚組織を配下にしたがえており、これを手足として権力を行使して政策を遂行するのである。それは、いわゆる対内的抑圧と対外的威圧に他ならない。そして、その政策の理念は、基本的には伝統を重視し、現体制を維持する保守主義ではあるが、ある程度の革新的要素は必要最低限に許容する。要するに、国民の体制批判や反発いわばガス抜き程度に限定的には許容することになる。なお、特に開発途上国の権威主義体制においては、旧宗主国との利権やコネクションが重要な要素となる。いずれにしろ、すべての政治主体に共通の目的は、権威主義体制という抑圧的な国家の政治的枠組みの維持である。それによって、自分たちの組織の優越的な地位を維持できるからである。

5　権威主義の成立要因

(1) 外生要因

対外的危機感

ところで、こうした権威主義体制を生み出す要因は、外生要因と内生要因に分けることができる。まず、外生要因であるが、その第1は、対外的な危機感である。当該国家の周辺に膨張主義・拡大主義の国がいるか、または、実際には侵略の危険性が低くとも、当該国家よりも圧倒的に大きな国力を有する近隣諸国がいると、国および国民の緊張感が増大する。こうした対外的な脅威に対する危機感が、相手に対抗して自国をまとめておかねばならないという切迫した危機意識の醸成を通じて、その国を早急な意思決定と包括的な結束・強化を可能とする権威主義体制へと移行させる可能性が高まる。

代替覇権国

第2に、代替覇権国の存在という要素である。国際社会に民主主義的な唯一のグローバル覇権国しか存在しないような国際関係の場合には、当該国家はそこに頼るしか国家運営の方法がなく、その配下で国益を確保するために自己の政治体制に民主的要素を取り入れなければならないが、それは開発途上国にとって相当にコストがかかる負担の大きい要請となる。しかし、そのグローバル覇権国に対抗する非民主主義的なライバル覇権国もしくはリージョナル覇権国が存在する場合には、グローバル覇権国との付き合いを円滑に持続するために民主化しなければならないコストを節約するために、むしろ権威主義国として対抗勢力の陣営に与する可能性が高くなる。

(2) 内生要因

対内的危機感

次に、内生要因であるが、その第1は、対内的な危機感である。国内の治安が悪く、犯罪が横行している状況が長期間にわたって野放しになっていたり、政権担当者とそのライバルが軍隊や警察の一部などを扇動して武力を用いたクーデタを繰り返し、頻繁に指導者が交代するような不安定な政治状況の場合には、国民が対外的および対内的に自国のガバナビリティに対する不安感と不信感を強める。そこで彼らは、もっと有能なリーダーによる強いリーダーシップによって早急に国家と国民の結束を固めて欲しいと願うようになり、このような他力本願的な国民意識という内生要因によって権威主義の罠に陥る可能性が高くなる。

エリート主義

第2に、エリート主義的な社会風潮と政治的無関心の状況である。国民の多数派が、むずかしい政治向きのことは少数の頭のいい優秀な連中の有能なスキルに任せておくのが合理的だと考えるエリート主義的な思考回路をもっている、すなわち、政治的無関心の意識を強く有していると、その国では権力者の勝手な政策決定に疑問を抱くことがない国民が増大していくことになる[8]。果ては、国民が国家の命令のまま、流れにまかせて反発することなく自然に従わせしめられる政治体制、すなわち、権威主義体制を招きやすい状況を作り出すことになる。

価値観

第3に、歴史的土壌と国民気質の要素が挙げられる。国民の多数派に、自分よりも上位の立場の者に無条件に従順であることを高く評価する社会的な人事判定基準が蔓延しており、また、その基準を踏襲している人間、いわば上の「言いなり屋」を温厚で立派な人間として敬意を払う価値観をもっているような国では、権威主義や独裁主義などの非民主主義的な政治体制を招きやすい歴史的かつ社会的な土壌があり、むしろそれが合っている国民性の国といえる。

もちろん、このような価値観は一朝一夕で作られるものではなく、長い歴史的経験に加えて、気候、風土、慣習、そして地政学的な位置づけなど、さまざまな要因が関係する。要するにお国柄というものであり、簡単に変化させたり払拭したりできる特徴ではない。そこに、権威主義の罠とそこから抜け出す困難さの悲劇が存在する。

6　権威主義の動態

(1) 権威主義の独裁主義化

■成功体験

次に、権威主義がさらに独裁化していく契機となる第1の要因は、成功体験である。権威主義体制というやり方で、経済発展や治安維持などの成果を上げ続ければ、国民はさらにその成果が持続的に極大化することを求めて権威主義の強化、すなわち、独裁主義を望む可能性が出てくる。ただ、権威主義体制下では、往々にして権力者が国民に自己に都合のよい歪曲情報を伝えたり、本来伝えるべき情報を隠蔽したりするため、実は国政がうまくいっていないにもかかわらず大きな成果が上がっていると虚偽の情報を流す可能性が高い。権力者がこうしたプロパガンダによってみずからの権力的地位を守り、国民をだまして支持を獲得する場合も多く、したがってこのような事態を繰り返すことは、権威主義がさらに独裁主義へと進んでいく潮流を作り出すと言える。

■対外的脅威の増大

第2に、対外的な脅威の増大である。侵略してくる可能性が高い近隣の強国がさらに国力を増大させた場合には、国民の緊張感の増大が権威主義を越えたさらなる集権主義としての独裁主義を求めるようになる。しかし、ここでもまた、権力者が自己の地位を守り権力を拡大するために虚偽の情報を垂れ流すプロパガンダを実施する可能性が高い。要するに、実はそれほど危険が切迫していないにもかかわらず脅威が増大しているかのような歪曲情報を伝え、国民の危機意識を煽動するかも知れない。そして、このような事態を繰り返すことで、国民にさらなる統治権力の拡大、すなわち、独裁主義への進行を望ませる危険性が出てくる。

▒治安・秩序

第3に、治安の回復と維持の必要性である。権威主義体制の施行によって、不安定であった国内の治安が維持されるようになれば、それを常態化させるために権威主義をさらに強化し、独裁国家への道を進む可能性が高まる。この場合に、治安状況が改善していないにもかかわらずそれが改善したと虚偽情報を流すのは、権力者にとっては外国の脅威を訴えるよりもはるかにむずかしいプロパガンダである。なぜなら、実際にその国で生活している国民は、間近で現実を見ることができるからである。したがって権力者は、自身が流すニセ情報の信憑性を高めるために軍隊や警察の一部である特殊部隊を使い、彼らにとっての余計な情報、そして、むしろそれが真実の情報であるほど、当局にとって不都合である限りはそれを流布している人物や組織を武力で殲滅し、情報の制限や言論の統制をおこなうことになる。

経済発展

第4に、経済発展の成果である。権威主義によって経済発展に成功した場合、すなわち、いわゆる権威主義的開発独裁が成功した場合には、さらなる成果を求めて独裁主義を目指す可能性が高まる。実は、この経済発展というものが国民から最も評価される分野であるため、権威主義国では実際よりも良い数字が国民に伝えられる場合が多い。その最たるものが、GDPの成長率や失業率などの経済指標である。残念ながら、それが果たして正確な数値であるかどうかを国民が判定することはほぼ不可能であり、日々の生活の中で感触として判断するしかない。また、開発途上国の場合には、正確な統計をとること自体ができない、すなわち、調査が行き届かないという事情もあり得る。

したがって、国民は国家の公式発表を受け入れるしかなく、その数値が高い状態が続く限り権力者に継続的な支持を与えることになる。なお、多くの民主国家が、特に途上国における経済発展が独裁主義や権威主義を民主化させると期待していたにもかかわらず、残念ながら現実は逆であったのはそのためである。非民主主義国家の独裁者や統治エリートは、経済発展に成功すればそれは自分たちの統治が成功した証拠であり、その利益や成果は自己の権力をさらに強化することに使ってしまったのであり、国民の多数派もまた、それを支持したのである。

軍隊と警察

第5に、軍隊と警察の統制という要素である。いわゆる戒厳令に代表されるように、軍隊や警察などの物理的強制力による統制が常態化すれば、権力者はその手法が国民を手っ取り早く統治する効果的なやり方だと味を占め、権威主義をさらに独裁主義へと進行させる危険性が出てくる。動物としての人間が求める最大の欲求は生命の維持、すなわち自己の身体の安全であり、それを左右する究極的な手段は武力であり、その指揮権を握るのは権力者である。換言すれば、武力は権力の基盤であり、担保に他ならない。したがって、権力者は、軍隊や警察を自己の支持者として確保しておくために、彼らに優越感を与えて選民意識をもたせるようなあらゆる手段を講ずることになる。

買弁階級と二重の選民意識

第6に、買弁階級と二重の選民意識の要素である。権威主義体制下における権力エリート以外の一般国民は、権力者側につく体制側の人間と、それに治められる非体制側の人間とに二極分解する。前者は、権力者と一般国民との間で権力者の意思を代行・代弁して、一般国民を支配・監視する買弁階級となる少数派である。彼らはまた、自分たちは他の民主国家の国民よりも優れているだけでなく、同じ国のその他一般の多数派の国民よりも偉いのだという二重の選民意識を育てることになる。そして、このような種類の国民の存在が常態化してくると、権威主義はさらに独裁主義へと進行していくことになる。

軍人や警察官に加え、官僚役人はもとより、すでに紹介した権威主義を支える各政治主体の上層部の人間がそれにあたる。それどころか、一般の民間人の中にも自らすすんでこのような意識を育て、官憲から頼まれもしないのに自発的に他者を監視する密告屋になる者もいる。彼らはそうした活動をすることで、自分が生活している恐ろしい祖国への不安感を払拭しようとしているわけである。

(2) 権威主義の民主化

為政者自身による改革

これとは逆に、権威主義が民主化するために必要な要素の第1としては、権力者自身による自由化・民主化である。当該国家の頂点にいる権力者がみずから民主主義の実現を標榜・実行すれば、その国の民主化は進行することだろう。しかし、そのような事例は人類史においても稀少であり、権力者はほとんどもっぱら自己の権力の拡大と安定のために権威主義を強化する傾向にある。また、実際には内実の伴なわない政策をあたかも民主化政策であるかのように見せかけたり、口先だけで民主主義を唱える事例も数多い。それをプロパガンダによって大いに脚色して信憑性を高め、体裁を整えるのである。いずれにしろ、かつてのトルコ共和国のケマル・パシャ（Mustafa Kemal Atatürk）のような人物を世界史において見つけるのは非常に困難な作業である。

中間層による改革

第2に、都市労働者や中間層の人口増大ならびに労働運動の活発化である。工業化による人口の都市部への流入が増大し、いわゆる都市労働者という、農民とは異なる新しい労働階級が増えてくれば、それが中間層を形成し、労働運動を通じて民主化を担う当事者となる可能性がある。しかし、すでに権威主義体制となっている国の場合には、権力者はその中間層をも自己の支援者として取り込むさまざまな施策を遂行するため、やはり権威主義を強化してしまう傾向にある。また、中間層となった人々は地方の農民よりも生活水準が高くなるので、この二極分解による格差の拡大は、中間層をして自分たちは豊かさを獲得した成功者だと優越意識をもたせることで、彼らの体制への従順性と従属性を促進することになる。

教育政策の転換

第3に、教育政策の転換である。国民が自由な教育の下で民主主義を勉強できる機会が増えれば、権威主義とは異なる政治体制の存在を認識し、その移行・移管を望む風潮を育てることができる。しかし、権威主義国においてそのような民主主義教育が行われる可能性は皆無である。権威主義国では、教育は人材を育てる根源的かつ根本的な政策として、民主国家以上に重視される。そこでは、次世代のエリートとノンエリートの双方を生産する役目が果たされている。そのいずれにおいても、決められたプログラムによって洗脳教育がおこなわれ、生徒や学生たち本人が自由な発想で学習する機会はない。特に、エリートの育成には、単なる知識の修得だけでなく、思想の統制や権力者に都合のよい倫理観・道徳観を植え付ける英才教育が施される。実は、一般にエリート教育と呼ばれるものは、本来はそのようなものなのである。

情報公開

第4に、情報公開と言論統制の解除である。国内外の正確でさまざまな情報に国民がアクセスできる機会が増え、言論の統制が弱体化すれば民主化への道が切り開かれる。しかし、権威主義国の権力者は、まさに情報アクセスの規制と言論コントロールというプロパガンダ政策に支えられてその地位にあるため、わざわざ自己の地位を弱体化させるようなことはしない。たとえば、メディア企業やその従業員資格の許認可制度を強化し、権力者に都合のよい報道ばかりを国民に提供すれば、洗脳された国民は権力者を批判する報道を信じなくなり、ジャーナリズムは生ける屍となる。こうして、国民の政治的無関心の状況がさらに固定化してしまうことになる。

武力装置の抱き込み

第5に、軍隊と警察の抱き込みである。軍隊や警察などの物理的強制力を抱き込めるかどうかは、民主化の可能性を決定的に左右する最重要の条件である。換言すれば、軍隊や警察を民主勢力側へ寝返らせることができれば民主化は確実に成功するだろう。しかし、権威主義国の権力者は、自己の権力の絶対的基盤であるこれらの国家公認の暴力装置たる組織の人員、すなわち、軍人や警察官にさまざまな優越的地位や特権を与える努力をし、階級が上位の者は買弁階級として、また、下位の者は二重の選民意識の所有者たる国民として手なづけているため、彼らが反体制派となる可能性は極めて低い。なお、これまでの歴史において、こうした暴力装置を使わずに民主化を成功させた事例が指摘されることがあるが、それは国際関係全体の趨勢や当事国の国内事情が後押しした場合にのみ言えることである。敢えて繰り返すが、軍隊や警察などの物理的強制力を味方に引き入れることができるかどうかが、民主化の成否を左右する最大の決定的要因である。逆にいえば、民主国家において軍隊や警察が反体制側につけば、その国は権威主義化してしまうということに他ならない。

▒国際関係の変化と権力者の自滅

第６に、国際関係全体の趨勢と権力者の自滅である。国際関係全体に民主化や自由化の風潮が流行することは、実はこれまでの歴史においても幾度となく繰り返されてきた。また、それと合わせて権力者自身が自滅して民政移管する事例もある。現代で言えば、ソ連の瓦解とそれに続く冷戦の崩壊に伴なう東欧諸国の民主化、あるいはアラブの春、スハルト（Haji Muhammad Soeharto）の独裁以後のインドネシアなどは、このような事例と考えることができる。

しかし、当事国に対する国際社会からの支援は限られた分野における制限されたものであり、また、権力者は往々にして自己の地位に恋々とし、出処進退を誤りつつ直属配下の武力をもって頑強に抵抗する場合がほとんどである。結果的には悪あがきで終わったとはいえ、大統領配下の親衛隊と民主勢力に寝返った正規軍が血みどろの殺し合いを繰り広げたルーマニアのチャウシェスク（Nicolae Ceausescu）の政権の末期などは、そのよい見本である。したがって、こうした要素は民主化の後押しをする副次的な要因とはなれども、あくまでも軍隊や警察といった武力装置が寝返らぬ限りは体制を大きく変革することはできない。

「暴力なき民主化」という神話

なお、ここで暴力なき民主化という神話または迷信とも言うべき議論について言及しなければならない。たとえば、東欧の民主化やアラブの春などの事例をもって、一部の論者が暴力なき民主化が可能であるかのような議論を提示していることは極めて危険であると言わざるを得ない(9)。なぜなら、これらの事例は彼らが言うような当該国の民主化勢力の努力だけではなく、むしろそれ以外のここで指摘したような他の複数の環境的および客体的な要因、すなわち、国際関係全体の趨勢や権力者の自滅がもたらした幸運だったからである。政治体制の変革というのはそれほど甘いものではなく、残念ながら暴力なき民主化とは稀少かつ特殊な事例を基にした神話であり、迷信であり、一般化にはほど遠い議論である。

その証拠に、ロシアもアラブ諸国もほどなく権威主義に戻っており、明らかに民主化には失敗した。また、最近のウクライナ戦争の影響から、あの東欧諸国ですら、すでにEUメンバーとなっているにもかかわらず権威主義に戻る動向を見せている。言うまでもなく、それらの国々が民主化する際に国民が払った膨大な労苦には最大の敬意を表するものではある。しかし、かえすがえすも残念なことではあるが、やはり武力闘争を経ずして獲得した民主主義は、多くの生命の犠牲を伴なって勝ち取った民主主義と比較すると、状況化の波の中で安易に権威主義へ回帰してしまうという現実的な傾向がある。

それでは、果たして彼らは血を流さずして民主化することが永遠にできないのであろうか。おそらくは現実的に可能性のある唯一の方法としては、いわゆる漸進主義的な改革に他ならない。なぜなら、社会の変革において最も危険なことは、急進主義的に焦って行動することだからである。急いでおこなう改革は多くの無理が矛盾を生じさせ、それが鬱積して暴発すれば内戦という最も危惧しなければならない悲劇的な事態を招く危険性がある。それを回避するためには、少しずつ前進する以外にはない。歌謡曲の歌詞ではないが「三歩進んで二歩下がる」を繰り返すこと、それも1年や2年のタームではなく、10年20年のタームで推進することである。権威主義の総本山たるフランコ（Francisco Franco Bahamonde）の体制が40年間かけて民主化されたスペインの事例がある。そして、その目的は、あらゆる手段を駆使して軍隊や警察を味方に引き入れることである。

7　権威主義化の防止策

▒技術の持続的革新

民主国家が自国の権威主義化を防止する対策の第1は、なんと言っても軍事および民生の技術の持続的な革新である。すなわち、民主国家は、技術開発の分野において権威主義国に優越する圧倒的な状況を常態化させておかなければならない。したがって、そこでは個人の自由な発想に基づいた旺盛なる研究開発の活動を奨励し、それを大いにサポートする研究体制を整備する必要がある。もしその状況が崩れれば、権威主義国からのさまざまな分野のさまざまな手法による侵略がおこなわれる。その領域は、単に軍事に限らず、外交、経済、文化、社会などのあらゆる分野の手法を駆使しておこなわれる。現代では、半導体技術などがその代表的な事例といえる(10)。

なお、この技術開発の優越性堅持という課題の実現に伴なう副次的な課題としては、ハッキングや産業スパイなどの防止措置とともに、いわゆる頭脳流出の問題への対策が重要である。権威主義国や独裁国家などの非民主国家は、優良な技術情報を握る人材を自国へハンティングして人間ごと盗む政策を展開している。したがって、民主国家が自国の技術情報を守るためには、それに関わる人的資本の安全保障コストを躊躇なく負担すること、すなわち、相手が年収1億円でスカウトしてきたら、こちらも1億円の年収を確約できるようにさまざまな負担を覚悟し、相応の準備をしておかねばならない。したがって、公的負担の可能性を含め、その役目を民間企業だけに自己負担を強いる現在の風潮を是正しなければならない。

覇権国との同盟

第2に、覇権国とのパイプの維持、強化である。民主国家は、グローバル覇権国であるアメリカと常に良好な同盟関係を持続的に保たねばならない。もしその状態が崩れれば権威主義国からの侵略がおこなわれ、その手法はやはりあらゆる分野においてあらゆる手法が駆使される。たとえば、ウクライナ戦争のような局地戦争への対応において民主国家陣営の足並みが乱れるような事態となれば、独裁国家や権威主義国などの非民主国家陣営が必ずその隙間に入り込んでくる。

なお、民主主義の盟主たるグローバル覇権国の陣営でメンバーシップを確立するためには、自国も相当なるレベルで民主主義を実現していることが必要であるから、そのためのコスト負担を覚悟する必要がある。すでに指摘したように、民主主義は権威主義や独裁主義よりも政策決定の迅速性と国民動員の包括性の面で劣位にある。そこで、こうした弱点を緩和して民主主義を維持するための膨大なコストを負担する準備が常にできていなければならない。

健全な国民意識

第3に、健全な国民意識の維持である。民主国家の国民は、国家的課題を少数の優秀なエリートの有能なスキルにまかせて解決するのではなく、国民がそれぞれの立場から相互に協力して取り組むべきであるという方法論的な政治意識を常に持ち続ける必要がある。要するに、みんなで決めてみんなで背負う覚悟こそが国家の政治的な存立基盤として最も重要な理念であることを、常に国民全体で自覚し続けなければならない。もし国民の中に、権力者にまかせておくのが一番楽な生き方だなどという意識が蔓延するような事態となれば、その国では即座に権威主義の罠に陥る危険性が増大する。言うまでもなく、権力者に無条件で従順な生き方、すなわち、彼らの言いなりになっているのが最も楽な生き方である。逆に、民主主義は全国民に負担を課す厳しい生き方を強いる政治体制である。しかし、ともすれば楽な道へと堕落する意識を律して踏みとどまり、その誘惑と戦い続けることが、自由と人権が保障される民主国家の国民の権利を守り、ひいてはその国の国民として生きる資格となる。

8　権威主義国の国民生活

伝統主義

権威主義体制下における国民生活の特徴としては、第1に、伝統主義の文化風土を指摘できる。権威主義国の国民は、既存の体制を揺るがすような思考や行動を不要かつ非効率な活動だと考え、上から言われたことをそのまま無条件に従順に遂行する優等生の国民でなければならない。そのため、学校教育においては伝統文化や歴史的土壌を大切にする思想や習慣を植え付けられる。伝統や歴史というものは所詮は過去の遺物であり、それはすでに終わった事実であるがゆえに、権力者の都合によって歪曲して指導することが可能となるからである。また、それが本当の事実に反するかどうかを調査するコストを国民が負担するのは容易ではないからである。

なお、独裁国家とは異なり、権威主義国は宗教については比較的寛容である。むしろ宗教組織そのものが有力な政治主体の一つとなっている国さえある。しかし、独裁国家では独裁者やその権力基盤となっている政党、または、それが表明している政治的イデオロギー以外に国民が信仰の対象をもつことは危険視される。したがって、独裁国家では厳しい宗教弾圧がおこなわれている。たとえば、中国では共産党や共産主義以外に国民が忠誠心をもつことは許されないので、すでに一部の寺社にはもはや本物の僧侶は不在である。それらは国策の観光名所として、僧侶の格好をした公務員が駐在し、役所が管理する国有物になっている。

保守主義

第2に、保守主義の社会風土である。権威主義国の一般国民は、国家の命令以外には新しい革新的な発想や活動をすることなく、常に現状維持をよしとする保守的な社会風潮の中で生活する。革新的な仕事は一般の国民ではなく、選ばれた才能をもつ少数の優秀かつ有能と思しき選民エリートだけの役割であり、国民はそのエリート主義の方法が最も合理的で正当なやり方であると指導されながら人生を歩んでいく。そして、ここで言う指導者とは、官憲だけでなく、学校の教員、職場の上司、先輩など、目上の者たちのすべてである。もちろん、その目上の者たちも、さらに目上の者たちから同様の指導を受けるのである。その意味で、権威主義体制は封建体制の要素を多く有している。このような「小さい権力者たち」の階層構造が存在するのは、独裁国家と同様である。

監視社会

第3に、監視社会という状況である。権威主義国の国民は、常に各所から監視されて生活する。それは、権力者が自分たちに逆らう反体制的な思想や活動を未然に防止するとともに、実際にそれらの危険分子を摘発するためである。すでに指摘したように、この監視活動の担い手は警察や軍隊などの官憲にとどまらず、同じ民間人の中にも官憲や二重の選民意識をもつ連中と通じている密告屋がいるため、一般の国民は常に発言や行動などの動静を監視される緊張感の中で生きていかねばならない。

もちろん権威主義国においては、もしも危険分子もしくはその予備軍と認定されても、独裁国家のようにすぐに逮捕や拘束などの厳しい措置が取られるわけではなく、監視が少しずつ厳しくなるか、場合によっては罰金などの軽微な対応で脅されて済むときもある。その点が独裁国家と異なる点である。しかし、重大な反国家的行為と見做された場合には、有無を言わさず官憲からひどい扱いを受ける運命が待っている。裁判も形式的で有名無実であり、その意味で、権威主義国の司法組織は完全に行政組織に従属するものであり、行政組織や立法組織は少数の統治エリートの意向に従属している。要するに、独裁国家よりは少しはマシという程度のものである。

▒優等生主義

第4に、いわゆる優等生の育成・保護システムの徹底化である。権威主義国の権力者は、年齢、職位、学年など、自分よりも上位の地位にある者に無条件に従順な国民を育成し、統治しやすい社会を作る努力を展開する。と同時に、体制に協力的な国民に利益や保護を与えることで抑圧的な体制を維持するのである。国民にとっては、そのような悪い意味での優等生、すなわち、良い子ちゃんであることが自己の安全を保障する唯一にして絶対にして最高の生き方となる。

当然、学校などの教育組織における評定や企業などの職業組織における人事査定も、体制や組織に逆らわない無条件に従順な学生や社員が高い評価を受ける採点基準が浸透している。たとえば、学校の試験の問題などもいわゆる定番や定説の模範回答が優良な評価となり、個性的でユニークな意見は内部組織の効率性を高めるものである限りは評価されるが、それを超えて体制や組織の枠組み自体を根本的に変革するような発想は危険視され、よい点数とはならないばかりか、危険人物と認定される場合もある。

このように、独裁国家や権威主義国などの非民主主義国の国民は、試験の採点基準からしてまったく異なる世の中で育成された国民であり、民主主義国の国民とはものごとの良し悪しを判定する価値観が異なる人間集団である。要するに、同じ事物にまったく異なる解釈をする人々なのである。時としてそれは、単に異なるだけでなく正反対のアンビバレントな解釈の場合すらある。われわれは民主国家の国民は、この事実をよく知った上で彼らと相対しなければ自国の国益を確保することが困難となる。

9　権威主義国への対策

■非妥協性

ここで見てきたような特徴を有する権威主義国およびその国民と付き合う場合に重要な方法論は、第1に、毅然とした非妥協性である。権威主義国の国民は、内外の危機に対応する役割を、少数の優秀なエリートの有能なスキルに頼る意識をもっている。したがって、そもそもの価値観がわれわれ民主国家の国民とは異なるのである。たとえば、外交交渉において相手が譲歩をすれば、民主国家の国民はそれを評価して自分も妥協の道を模索するが、権威主義国の国民はそれを弱腰と判断し、さらに高圧的な態度で要求を拡大してくる。

したがって、民主国家の国民とは決定的に異なるそうした価値観をもつ国家や国民を相手とする外交政策においては、あくまでも自国の国益を堅守し、主張する非妥協性が絶対的に必要である。妥協をすれば舐められて更なる要求をしてくるのが権威主義国や独裁国家などの非民主主義国の常套手段であり、彼らにとってはそれが常識なのである。そして、この非妥協性の原則は権威主義国だけでなく、独裁国家も含めた非民主主義国のすべての国々に対して共通に心がけなければならない基本原則である。

▒技術的優位性

第２に、先端技術の優越性の維持である。権威主義体制の国では、主要な技術開発は常に国家主導でおこなわれるため、自律した個人の自由な発想は摩滅化させられ、民間の旺盛なる研究活動は極端に制限されてしまう。要するに、個人の勝手な研究はできないわけであり、その意味で、新技術の開発能力は民主国家には到底およばない。したがって、われわれ民主国家は、すでに指摘したように、常に技術開発能力の優位性を保ちつつ、軍事および民生の双方において権威主義国を圧倒できるような先端技術のレベルを維持し続ける必要がある。もちろん、技術は開発された瞬間から模倣され、伝播する。そして、機密情報の管理能力にも限界がある。よって、民主国家は常に技術的に進化し続けなければならないのであり、それが自己の国益を確保しながら権威主義国と付き合う唯一にして絶対にして最高の最善の方法となる。

▒非常時マニュアル

第３に、非常事態マニュアルの整備をしておかねばならない。これまでの検討によって判明したように、民主主義体制の国が権威主義体制や独裁主義体制などの非民主主義体制の国家と比べて劣勢に立たされる要素は、その迅速性と包括性であり、これは逆にいえば、非民主主義体制の国が優越する要素である。すなわち、民主的な政策決定はさまざまな意見を調整しなければならないコストがかかり、さらにその決定を実行する際にもすべての国民に協力的活動をさせるのにもコストがかかる。非民主主義体制の国では、政策決定は少数の権力者によっておこなわれ、その実行も国民を強制的に動員できるので、こうしたコストは極限的に節約できる。したがって、対外的な侵略や対内的なテロリズムなど、非常事態への対処において、その迅速性と包括性の分野で民主主義は権威主義や独裁主義よりも圧倒的に不利な立場にある。

このような状態を少しでも改善するためには、いわゆる有事の際にどう対応すべきであるのか、そのマニュアルをあらゆる可能性を前提として整備しておくことが必要である。これは、一般に危機管理とも呼ばれる領域の課題であるが、現状ではその蓄積が依然として不足している。それは日本のみならず、すべての民主国家における課題である。したがって、このマニュアルの内容は全体として民主主義の弱点である迅速性と包括性を一時的に促進するための手続きであり、そこには権威主義や独裁主義の特徴である少人数による政策決定や強制的な国民の動員という要素が盛り込まれていることになる。正しいか正しくないかの善悪の倫理問題ではなく、すべきであるかないかの要不要の現実問題である。特に、このマニュアルには内政とともに外交、すなわち国際的連携の視点からの整備が絶対不可欠である。その意味で、緊急な国際的かつ学際的な研究成果が期待されるため、民主国家陣営は平素からモノ、カネ、ヒトとともに情報の活発な交流を常態化しておくことが必要である。

■非常時体制の収拾

ここで、そのマニュアルについて重要なポイントが2点ある。第1に、このマニュアルには軍事安全保障だけでなく、政治、経済、社会、文化の人間生活のあらゆる領域に関する対処方法が取り込まれていなければならない。すでに指摘したように、権威主義国からの侵略はさまざまな分野のさまざまな手法を用いておこなわれるからである。第2に、非常事態の終焉を誰がどのような形で判別し、いかなる方法で通常の状態に復帰するかの手続きが明確に決められていなければならない。なぜなら、この非常事態における例外的な政治体制が常態化してしまうと、そこにまさしく権威主義の罠が存在するからである。権威主義とはすなわち、非常事態における例外的な状況がそのまま常態化した政治体制であり、だからこそ権威主義国の権力者は内外の脅威を訴え、国民の危機感を煽り、非常事態がいつまでも続いているか、あるいは常にいつ非常事態になってもおかしくないような危機的状況にあるかのようにプロパガンダで国民をだますのである。そして、それは他国からの侵略の脅威にとどまらず、国内の反乱分子による騒乱であったり、経済恐慌であったり、伝統文化の衰退であったり、少子高齢化であったり、国の借金の増加であったり、果ては自然災害であったり、あらゆる領域における危機的状況の演出に他ならない。したがって、非常事態の対応マニュアルには、現下の状況があくまでも限定的な期間にのみ適用される例外的な対応である認識を大前提として、その例外状態の収拾方法、すなわち通常状態への復帰方法が明記されていることが必須である。

10　権威主義の類型と国際比較

権威主義国の類型化は、どちらかと言えば機能的支配の側面からおこなうことができる。これは、独裁国家の類型化がどちらかといえば制度的支配の側面からできるのと対比する特徴である。なぜなら、独裁国家は制度としての抑圧体制が確立しているのに対して、権威主義国は制度的には民主国家の体裁を残しているが、その実、それらの制度運営の方法や機能として抑圧的な体制が作られているからである。

(1) 類型化

軍政型

第1に、危機管理を名目とする軍政型である。意図的に外交的または内政的に危機的な状況を作り出したり、もしくは、そうであるかのようなプロパガンダを実施して国民を欺き、その状況への対策として危機管理を遂行する必要性を訴えながら、これを建前として軍事政権を確立するのが軍政型の権威主義体制である。このような類型の典型的な事例は、ミャンマーである。この国では、周辺国の侵略や国内の反乱分子による内戦の危機から秩序を守るためという名目で、軍隊が政治の実権を独占し続けている。

▒王制と宗教

第2に、王制と宗教の融合支配型である。国王および王家の伝統と宗教の権威を併用して国民に対する抑圧体制を敷くのが、王制と宗教の融合支配型の権威主義体制である。このような類型の典型的な事例は、サウジアラビアである。この国では、王制の首長である国王が、国家の支配者であるとともに国教たるイスラム教の最高権威としての地位を有している。また、イランはこのタイプをさらに独裁化させて反米国家となった事例である。

▒血統と官僚

第3に、血統主義とそれを支える官僚支配型である。建国の指導者であった人物の血統と、それを支える官僚組織の権力によって、国民の自由や人権を制限する体制を敷行するのが血統と官僚支配型の権威主義体制である。このような類型の典型的な事例は、シンガポールである。この国では、リークァンユー（Lee Quan Yew）首相の血統とその配下の官僚組織による抑圧的な支配体制が確立しており、アジア諸国によく見られる典型的な事例である。

▒政財軍の利権構造

第4に、政治家と財閥と軍隊の利権支配型である。権力主体間の利権構造を仕切る政治家や財閥が連携してら国民に対する抑圧体制を形成するのが政治家と財閥の利権構造支配型の権威主義体制である。このような類型の典型的な事例は、韓国である。この国では、政治権力者の経済的基盤であるヒュンダイ、サムソン、デーウなどの財閥が、いわゆる政商として機能している。また、これは中南米諸国にもよく見られるタイプである。

なお、独裁体制の国家の場合と同様にして、実際にはこれらのタイプの要素がいくつか組み合わさって権威主義体制の国家を作り上げていると言える。より具体的には下記である。

(2) 国際比較

ミャンマー

まず、ミャンマーは、大統領が国家の要職者に関する人事権を有しているが、その大統領は軍隊の支援によって現職の軍人の中から選出される完全な軍事政権の国である。その根拠は、ミャンマーが未だ開発途上国であり、国家の運営をすべて国民に任せる民主制では安全保障を維持できないという危機管理の必要性からだと訴える。したがって、政策決定は軍隊の上層部にいる少数エリート幹部たる軍人によっておこなわれる。議会、政府、司法なども存在するが、いずれも軍隊の勢力が優位な立場を確立できるような法的措置が取られている。また、ミャンマーのこうした軍事政権の傾向はさらに深化を強める傾向にあり、今やこの国が最も独裁国家に近い権威主義体制の国であると言える。

シンガポール

次に、シンガポールは、儀礼的な役目を果たす象徴としての大統領が国家元首として存在するが、実権はすべて首相が掌握している。現在は、建国の父リークァンユーの息子のリーシェンロン（Lee Hsien Loong）がその地位にあるが、事実上の一党独裁体制の政党システムをバックグラウンドとして、圧倒的な多数派を擁する議会、要職の人事権を有する政府と司法の国家権力を一手に担っている。また、多分に国民の反体制活動を監視する警察国家としての要素も有しており、その自由は制限されている。特に、メディアに対する規制には厳しいものがあり、外国のジャーナリズムすら自由な取材や報道ができない国である。

韓　国

また、韓国は大統領が首相をはじめとする国家の要職の人事権を掌握する体制であり、議会、政府、司法などの活動もすべては大統領の意向によって左右される体制である。その根拠は、大統領が国民の直接選挙によって選出されることにあるが、大統領に限らず、この国の政治家はすべて財閥系の組織からの支援によってその地位を得ているため、こうした政治家、官僚、財閥の利権構造がこの国のすべての権力体系の源泉として機能している。したがって、国民は資本家たる財閥を維持・発展させるための労働力に過ぎず、その目的のために自由や人権を制限される抑圧体制の中で生きている。政策決定は財閥の息のかかった有力な政治家や官僚などの少数エリートによって行われ、その意向に国民が異議申し立てや反体制活動をすることには厳しい制限が与えられている。

■サウジアラビア

さらに、これらの国々が独裁国家と比較して宗教に寛容であるのに対して、サウジアラビアはそれ以上に政治と宗教を一体化させた体制の国である。その点では、この国はイランと同様の宗教国家と言える。ただ、サウジアラビアはそもそもが国王が統治する絶対君主制の国であり、その国王が宗教の首領でもあるという意味の政教一致国家である点が異なる。要するに、統治者たる国王が建国者の血統という正統性を有するため、彼が政治指導者であることに国民が正当性を認識しているからである。また、主として石油などの天然資源の輸出によって豊かな国民生活が実現されているので、国民が政治に対して不満を抱く要素が少なく、国家の秩序が保持されているわけである。しかし、その政策決定は依然として王室の一族およびその関係者が独占する少数の要職者によっておこなわれているため、国民の自由や人権が抑圧されている国家であることに変わりはない。

■共通の特徴

ところで、すでに前章で独裁国家の国際比較を検討した際にも指摘したことではあるが、独裁主義と同様に権威主義の政治体制の場合もやはり民主主義の政治体制と比較して、権力体系に特徴がある。その第1は、一貫性と効率性があることに他ならない。もちろん、政治権力が少数エリートに集権しているのだから、当たり前と言えば当たり前である。ただ、敢えて繰り返して言うが、一般に世間では一貫性や効率性があることはよいことのように言われるが、少なくとも政治体制の場合には、その特徴こそが国民の自由や人権を抑圧するシステムの本質となっていることをしっかりと認識するべきである。要するに、民主主義の政治体制は独裁主義の政治体制と比べて一貫性や効率性が劣ることによって、それが国民の自由や人権を守る余裕のある状況を生み出しているのである。権力体系が多元的で非効率であればこそ、国民の自由や人権が守られる余地が残されているからである。最も重要なことは、民主主義は多元的で非効率であるがゆえにコストがかかるのだが、しかしそれは、国民の自由や人権を守るために必要な代償と言えるのである。

第2に、これに加えて、権威主義体制の国々には、国際関係に対する危機意識の高さという共通の要素が見られる。たとえばシンガポールは、もともと国土が小さく、天然資源にも恵まれておらず、イスラム教系の人々が多い東南アジア地域の中の中華系の小国という、特殊な要素を多く有する国である。また、東南アジア地域自体が中国とインドという2大国に挟まれた地政学的に危機感のある地理的条件下にある。また韓国は、地域大国である中国とその出先機関たる北朝鮮との国境が陸続きにあり、常にその軍事的侵略や外交的圧力の脅威に直面している。さらにサウジアラビアは、近隣にイスラエルという非アラブ系の軍事大国があり、また、そのアラブ諸国の中でも他国との間の様々な葛藤にさらされている。またミャンマーは、中国と隣接する地理下にあり、同時にアウンサンスーチーの民主化失敗以後は世界中からその体制を批判される対象の筆頭国である。このような危機意識は、一方の国民には国家への忠誠心を育成する要因になると同時に、他方の国民にはより民主化された体制へ変革することを目指す反体制活動を育成する要因ともなるため、国家としての秩序に重大な影響を及ぼす可能性がある。そこで統治者としては、ある程度は国家の存立を維持するために必要な抑圧体制を強化する傾向を強めるわけである。しかし何度も指摘するように、それは結局は国民の自由や人権を制限した体制であり、本来の国家の役割からすれば本末転倒な政策であると言わねばならない。

11　権威主義の罠と民主主義の弱点

これまでの検討で明らかになったように、権威主義は独裁主義と同様に、その政策決定の迅速性と国民動員の包括性という二つの領域において民主主義に優越する要素をもっている。逆に言えば、この点がまさに民主主義の弱点と言える。

民主主義は、確かに自由な開かれた社会を作り、個人の尊厳と権利を保障することで、その旺盛なる活力をもって人間社会の発展と進化を生み出す政治体制である。しかし同時に、そこでは可能な限り多くの国民の意思を政策に反映するための調整、異なる立場や意見を有する主体間の利害関係の調停、そして、その政策を実施する際に国民の協力や支援を引き出すための調整という3つの困難な作業が必要となる。そして、それを実現するための時間的および経済的なコストは莫大なものになる。したがって、そのコストを節約するには権威主義化するのが最も手っ取り早く簡単な方法である。しかし、そのためには国民の自由と人権を犠牲にしなければならない。

　われわれ民主国家の国民は、偉大な先達が長きにわたる苦労の末に獲得したこのかけがえのない自由と人権を守るために、敢えてコストがかかる民主主義を選択しなければならない。そして何よりも、常にわれわれを楽な道へと誘惑する権威主義の罠に陥らないために、われわれ自身の怠惰な情念と戦い続ける覚悟が必要である。なぜならば、そのコストこそ、われわれの自由と人権を守るための有意義な重荷であり、その重荷を背負い続ける責務を果たすことが、民主主義国の国民として自由な社会で生きる資格に他ならないからである。

注

（1）権威主義に関する代表的な文献は、第2章・注（3）を見よ。
（2）独裁主義に関する代表的な文献は、第2章・注（1）を見よ。
（3）民主国家が権威主義化して独裁国家へ近づく問題に関する文献としては、第2章・注（2）を見よ。
（4）集団の構成員である人々の行動規範は、古代の伝統的志向型から中世の内面的志向型を経て現代の他人志向型へと変遷してきた。その過程を指摘したのはリースマン（1964）であった。
（5）政治的リーダーシップの理論については、石井（2004）を参照。
（6）プロパガンダの理論については、石井（2022）で論じている。
（7）ミルグラム（2008）によれば、人間は閉鎖的な状況の中では権威者の命令に無意識に従ってしまう傾向をもつという実験結果が示されており、ナチズムをはじめとする独裁国家や最近の権威主義体制下の国民の意識を分析する場合に頻繁に引用されている。

（8）ミヘルス（1990）のエリート理論では、人間の集団は必ず少数者による多数者の支配という構図になると指摘されている。

（9）武力を使わずに権威主義を民主化する議論として有名になのは、シャープ（2016）、シャープ（2012）である。しかし本文でも批判したように、残念ながら幸運かつ特殊な事例に基づいた迷信であり、一般化にはほど遠い。

（10）外交における軍事力と経済力が当該国家の政策効果を左右する二大手法である論理については、石井（2016）に詳しい。

第4章　脆弱（vulnerable）：民主主義の病理

これまでわれわれは、非民主主義の政治体制である独裁主義と権威主義について検討してきたが、そこで確認した知識を背景に、ここでは改めて民主主義とは何かを検討する。非民主主義を学ぶことは、同時にその対極にある民主主義を学ぶことを意味する。民主主義だけを学んでいても知ることができないものを、非民主主義と比較することで知ることができる。その意味で、ここで検討している思考作業のすべては、民主主義をより深く広く理解するための行為であると言える。

1　民主主義の本質

民主国家の国民であるわれわれ日本人の多くは、民主主義がどのようなものであるのかを考えることは面倒に感じることであろう。今さら小学校や中学校で習ったことを復習するまでもない、そんなものは至極当たり前のこととしてすでによく知っていると思うからである(1)。

しかし、その「当たり前」という感覚にこそ最も注意が必要なのである。われわれは、本当に民主主義の本質を知っているのであろうか。実は民主主義には、国によってさまざまな個体差がある。民主主義とは何かをしっかりと整理しておくことが、本章と次章の役目である。したがって、ここでは民主主義の分析視角として、その定義、構成主体の種類、経済政策や外交政策の特徴、長所や短所などの項目ごとに理論的な検討をおこなう。当然のことではあるが、その際に、独裁主義や権威主義などの非民主主義の政治体制との比較についても言及する(2)。

▒みんなで決めてみんなで背負う

ところで、民主主義の本質とは、集団の構成員の全員が政策の決定に参加することができるということである。これを学校で習う言葉に置き換えれば、国民が「主権者」であること、すなわち、決定の権限を主権者たる国民が有するということになる。要するに、多数決によって決める「投票権」のことである。そして、その目的は国民の自由と人権を守り、その旺盛なる活動によって豊かな社会を作り出すことにある。

ただし、すべての政策の議論や投票に全国民が参加するとなれば、その調整コストは膨大なものとなり非効率であるため、「代弁者」を選び、人数を制限した集団でその議論や投票を代替させるのである。いわゆる「議会主義」である。国民は、その代弁者を選ぶ投票に全員が参加することをもって間接的にすべての政策の議論や投票に参加することとなる。これが「選挙」である。

要するに、民主主義とは「みんなで決める」という原則である。したがって、みんなで決めたのだから、その結果についてはみんなで責任を取るということになる。すなわち、その結果が良ければそれはみんなの利益となり、悪ければそれもみんなで受け入れて背負うという原則である。言ってみれば、うまくいったらみんなの功績、もしうまくいかなくてもみんなで決めた結果なのだから仕方がない、それを教訓としてまた次へ進もう、それが民主主義の本質である。そして、実行した者がその責任を取る、この原則は人事上においても同様であり、「選んだ者だけが辞めさせる権限をもつ」という原則になる。

たとえば、不祥事を起こした大臣をクビにできるのは、その大臣を含む閣僚たちを選ぶ権限をもった首相に帰する権限である。同様にして、スキャンダルを起こした国会議員を辞めさせる権限は、本来はその議員を選挙で選んだ国民のみに帰する権限となる。したがって、世間でよく言われるような国会議員を議長や首相の権限でクビにできるようなことにでもなれば、それは国民の選挙権を越えた深刻な越権行為となり、民主主義の根本を揺るがす大問題となる。もちろん、民主主義諸国の議会には議決によって当該議員を「除名」する権限が与えられている場合が多いが、それでもその議員が次の選挙に立候補する政治的権利を奪うことはできない。要するに、原則として、その議員をクビにできるのは、次の選挙で彼を落選させる権利を有する国民のみに与えられた神聖不可侵の権力に他ならないことになる。したがって、民主国家の議会では、除名された当該議員が再当選した場合には、議員となるのを拒否することはできないのである。

このような決め方の論理に加えて重要な点は、民主主義体制の国では国民の私有財産制度が確立していることである。独裁国家をはじめとする非民主主義国では、官憲の一方的な判断によって、簡単な手続きのみで当人の許可なく身体の自由を剝奪したり財産を没収したりする権限をもっている。要するに、個人の家に勝手な都合で簡単に土足で入り込むことが許されてしまうのである。しかし、民主主義体制の国では、たとえ当人が犯罪者である場合においても、きちんとした幾重もの手続きや証拠が揃ってはじめてそうした要請をすることができる。その上でも、原則としては、本人の許可なくしては何人も個人の身体および財産を犯すことができない。いわゆる人権の保障という原則がそれである。

ところで、これと比較して独裁主義や権威主義などの非民主主義の政治体制では、1人もしくは少数の統治エリートが勝手に決めたことに国民が強制的に従わなければならないので、もしそれが失敗した場合には国民は納得がいかず、政策決定者たる統治エリートへの批判が高まり、場合によっては暴動やクーデタなど、秩序の崩壊が起こるかもしれない(3)。

したがって、独裁者やそれに準ずる統治エリートたちは、自分たちに向けられた批判や治安の悪化を未然に防止するために、当該政策の担当者と思しきリーダーの1人に責任を押し付け、見せしめとしての処罰を与えて国民の怒りの矛先をかわすのである。また、実際に騒動が起これば、それを軍隊や警察を使って武力で鎮圧するという抑圧政策を徹底するのである。それは、国民の自由や人権を犠牲にした治安の維持と言うべきものである。

これに対して、みんなで決めてみんなで背負う民主主義は、うまくいかなかった場合にもみんなで決めたことだからある程度の諦めがつき、その責任もあらかじめ自分たちみんなで背負うと決めた上での結果であるから、体制の根幹を揺るがすような大規模な暴動やクーデタなどの治安の悪化は起こりにくい状況を期待できるのである。

しかしながら、みんなで決めたことは往々にしてうまくいかない場合が多い。それは、みんなで決める、つまりはさまざまな人々の利害関係を調整した玉虫色の政策になりがちだからであり、こうした事情によって相互の政策効果が相殺されてしまったり、重要なポイントに力を集中させることができないからである。その意味では、政策が失敗する可能性が高いという要素も民主主義のコストの一つだと言える。

しかし、それでも少数の権力者たちに勝手に決められて失敗されるよりはマシだ、少数の統治エリートが決めてうまくいくよりも、みんなで決めて失敗する方が意味があると考えることができる国民が多数派であるかどうか、そこが民主主義に踏み止まる最後の砦となる。なぜなら、非民主主義体制の国々では、自分たちより優秀かつ有能な連中が考えて実行したことが失敗したのだから仕方がない、自分たちが考えて実施するよりはマシだと考える国民が多数派だからである。しかし、それは自分たちの自由と人権を自ら放棄する感覚であり、政治的動物としての重要な使命を犠牲にすることを厭わない考え方であると言える。要するに、残念ながらそれらの人々はその国の「人民」とは呼べても、国民と呼ぶにはあまりにも非政治的な動物へと堕落してしまっているのである[4]。

2　民主主義を支えるコスト

制度と組織の整備

民主主義体制を維持するためには、さまざまなコストを負担しなければならない。その第1は、法律とそれを踏襲するさまざまな制度や組織を整備する煩雑さである。すでに指摘したように、民主主義はみんなで決めてみんなで背負う政治体制であるから、単に議会で議論して政策の裏付けとなる法律を作ったり、その予算を審議するだけで成り立つものではない。政策の決定、遂行、評価、再検討などの各段階において、それぞれの国民の立場や意見を調整したり、その結果、決定した政策を可能な限り国民の期待通りに遂行したり、その政策の成果を評価したり、その経験をもとに次の政策を思案するなど、数多くの専門的な作業に従事する組織や人員が必要となる。そして、その作業は膨大な量の煩雑な作業である。ここに、人的、物的および時間的、経済的なコスト負担が必要となる。

これに対して、独裁国家などの非民主主義体制の国では、たしかに同様の事情があるが、それは上から言われた政策を忠実かつ機械的に実行する作業であるから、利害関係の調整コストはほとんどかからず、したがって、民主主義よりもはるかにコストが節約された政治体制だと言える。ただしその代わり、国民の自由と人権を犠牲にしていることは言うまでもない。

▒財政負担

第2に、そのような膨大な作業をこなして民主主義の制度を維持するための経費を、国家が財政負担しなければならないという問題がある。その最大のものは、そうした作業を遂行する官僚組織を中心としたさまざまな組織の人件費や、各政治主体間の利害関係を調整するコストである。言うまでもなく、その金額は莫大な数値となり、他にインフラ整備や社会保障などに使わなければならない経費を圧迫し、本来の政策の規模や種類を限定する結果を招きかねない。その結果、増税や保険料の引き上げという形で持続的に国民から徴収する金額を膨らませ続ければ、国民の政治不信や政治的無関心が拡大し、民主主義が独裁主義や権威主義の罠にはまる危険性が増大する。

なお、独裁国家を典型とする非民主主義体制の国でも同様の事情があるが、やはり上位下達のシステムであるために調整コストが節約されるので、民主主義よりも安上がりとなる。ただ、繰り返して言うが、それは国民の自由と人権を犠牲にした上でのことである。

▒国民の理解

第3に、このように、手間と労力と経費のかかる民主主義的な国家の運営方法に対する国民の理解を得なければならない。よく世間では、議員や官僚の数が多すぎると批判を受けることが多いが、本当に必要な作業のコスト計算と本当に必要な作業に従事する人員数を国民が納得できる方法で試算するとともに、それを税金でまかなうことに対する国民への説明と理解を得る努力が必要である。国民が納得できない根拠の経費負担が増えてくれば、それだけ政治や行政への国民の不満が鬱積し、やはりほどなく民主主義が独裁主義や権威主義の罠に陥る危険性が増大することになる。

なお、独裁国家を典型とする非民主主義体制の国でも同様の事情があるが、1人の独裁者もしくは少数の統治エリートが決めたことに国民が強制的に従事させられるのが常態であり、国民もまた権力者に協力するのが利口な生き方であるため、やはりそのコストを節約できるわけである。執拗に再度繰り返すが、それは国民の自由と人権を犠牲にしたコストの節約である。

われわれが、かくも手間と費用のかかる民主主義を守るために尽力するのは、ひとえに自らの自由と人権を守るためなのである。

▒非効率な民主主義

なお、ここでくれぐれも確認しておきたいことは、このように民主主義は膨大なコストを国民が負担しなければならない非効率な政治体制だということである。それに比べて独裁主義や権威主義は安上がりな体制であるから、開発途上国のように国力が小さい国々に非民主主義の政治体制が多いのはそれが大きな理由の一つであることを理解しておく必要がある。それらの国々は、要するに政治制度としての民主主義を支えるコストを負担する国力がないのである。

さて、以上のような民主主義の定義を前提として、以下、民主主義体制を構成する政治主体の種類、経済政策や外交政策の特徴、長所や短所などの項目ごとに理論的な検討をおこなう。その際に、独裁国家や権威主義国などの非民主主義の政治体制との比較に言及する。なお、本章の議論を受けて、次章では民主主義の再生、すなわち独裁主義や権威主義など、いわゆる非民主主義からの侵蝕を受けている民主主義の深刻な弱点を克服するための再生の道を探ることになる。

3　民主主義体制の構造と機能

(1) 民主主義の政治主体

さて、民主国家の政治体制を構成する政治主体には、どのような種類があるのだろうか。ここでは単なる制度論に陥らぬために、その機能面に着目して紹介する。ここで登場する各政治主体がそれぞれの問題領域や争点によって相互に対立・協調を繰り返しながら、結果として国民の自由や人権を守るための体制としての民主主義を支えていることになる。その利害関係の調整には人的物的および時間的経済的に莫大なコストがかかるが、それを負担することを通じて特定の政治主体に権力が偏重しないように平準化できる可能性がある。

なお、独裁国家を典型とする非民主主義体制の国でも、各政治主体間のバーゲニングは存在するが、それはあくまでも国民の自由と人権を抑圧する政治体制を維持・強化する目的でおこなわれる政治活動であり、民主主義のそれとはまったく逆の目的のための活動となることを明記しなければならない。

▩元　首

第1に、国家元首である。民主主義国であれ非民主主義国であれ、およそ国家というものにはその国を体現する元首が必要である。対内的には国民を統合するシンボルとして、また、対外的には外国に対して自国の存在をアピールするシンボルとして、国家元首は何にも増して必要な存在である。その元首には、大統領、国王、皇帝などの地位があり、彼もしくは彼女はいずれも当該国家を代表し、その象徴としての役割を果たす政治主体である。なお、議院内閣制の国における首相は、元首ではなく実際の政治行政をおこなう役割の職位であり、このような国の場合にはより上位に元首がいるのが通常である。

言うまでもなく、独裁国家を典型とする非民主主義体制の国でも同様の元首がいるが、それらは絶対的な権力を有する独裁者として、国民からの個人崇拝の対象であったり、およそ宗教をイデオロギーに置き換えた教祖のような存在であり、シンボルというよりもむしろ実際に現実的な最高権力を有する支配者である。

行　政　府

第２に、行政府である。国家の政策を立案し、それを遂行する担い手が必要となる。それぞれの問題領域ごとの大臣を頂点とする官僚組織は、このように政策を立案し、それを国民の代弁者である議会に提案し、その認可を獲得して遂行する行政府である。いわゆる政府というと、通常はこの行政府を指すことになる。

なお、やはり独裁国家を典型とする非民主主義体制の国でも同様の組織があるが、それは国家や国民のための政策を遂行する組織ではなく、あくまでも少数の統治エリートによる権力体制を守るための実働部隊とも言うべき組織であり、その政策も国民の認可を得ることなく上位権力者が勝手に決めた政策を実行する場合がほとんどである。

立法府

第3に、立法府、すなわち、議会である。どのような政策をおこなうのかを行政府から提案された立法府は、その予算について審議をし、認可する場合には当該政策の裏付けとなる法律を作る役割を担っている。通常、議会と呼ばれるものである。

なお、これもまた独裁国家を典型とする非民主主義体制の国でも同様の組織があるが、それは審議の場というよりも少数の権力的地位にいる統治エリートが考えた政策を来場者に通達するイベントのような儀式であり、たとえば議決をとる場合にもあらかじめ決められた台本通りに満場一致の大拍手で終幕する形式的なものがほとんどである。

司法府

第4に、司法府である。行政府が提案する政策と、立法府がそれを認可する裏付けとしての法律が、果たして国家の基本法たる憲法に則したものであるかどうか、すなわち違憲審査をするのは司法府の役割である。その目的は、国家が国民の自由と人権を侵害しているかどうかを見極めることにある。

また、その下部組織は国民間の争点について既存の法律上の判断を下して裁定する組織であるため、これを広く一般に裁判所と呼んでいる。いわば世の中の紛争解決と法律解釈の見本を示す役割である。なお、これも独裁国家を典型とする非民主主義体制の国でも同様の組織があるが、非民主主義国では司法府は統治エリートや行政府に従属する組織と化しており、違憲審査どころか権力者の意向をこじつけの法律解釈によって無理やり合法化する作業をする役目を果たしているのがほとんどであり、結局は権力者たちに都合のよい判決が下される仕組みになっている。

自治体

第５に、自治体である。国家が統括する国土は広く、国民の人口も多いため、国内のそれぞれの地域ごとに個別の事情や特徴がある。したがって、それに見合った政治行政がおこなわれる必要がある。いわゆる自治体は、そのような地域ごとの事情に適した統治をおこなう役割を担っている組織である。その目的は、地域ごとの事情を無視して国家が画一的に統治することを回避し、それぞれの地域で生活する国民の個別的な利益を守ることにある。こうした分権主義の制度的基盤こそ、一般に地方自治と呼ばれる制度である。

なお、やはり独裁国家を典型とする非民主主義体制の国にも同様の組織があるが、それらの自治体は中央政府の強力な管轄下にある出店に過ぎず、いわゆる集権主義の体制下における親分に言いなりの組織である。したがって、各地方の個性に合わせた政治行政どころか、中央政府の権力的地位にいる統治エリートたちの意向を出先機関として実施する組織にすぎない。

政　党

第6に、政党である。国家に対する国民のさまざまな要求や意見を、それぞれの国民個人が表明するのは困難である。また、同様の意見や要望をもっている人々との連携や他の意見を有する人々との利害関係の調整も、国民自身がおこなうことには限界がある。そこで、社会におけるさまざまな意見を集約し、それを世の中に表出する活動を代行するのが政党の役割である。一般に政党というと政治家の集団というイメージがあるが、本来は非政治家の党員も含む政治団体を意味する。国民は、ある特定の政党に所属する候補者に投票して、彼もしくは彼女を議員として議会に送り込むことを通じて、自己の意見や利害を代弁させるわけである。

なお、周知のように独裁国家を典型とする非民主主義体制の国にも政党があるが、ほとんどの場合に一党独裁体制もしくは一党優位体制であり、その圧倒的に優位な一つの政党以外の意見を封じ込める体制である。形式的に他の政党の存在が認可されている国もあるが、その当選者数は議会の多数派を形成する人数には遠く及ばない。また、その独裁的な力を有する政党の多くは共産党や社会党であるため、ここでもまた、国民の利益よりも権力者の利益を優先する活動をおこなう組織となっていることは言うまでもない。

武力装置

第7に、警察と軍隊である。国家の治安、すなわち国民の安全を守るためには、それを脅かす勢力を武力で排除するための物理的な強制力を有する組織が必要である。そのような国家公認の武力集団が警察や軍隊であり、前者は対内的な治安の維持、後者は対外的な治安の維持を役割とする。対内的な治安維持とは、国内における彼ら以外の非公認の武力集団や犯罪組織の撲滅であり、対外的な治安維持とは、外国の侵略から自国を防衛する安全保障、すなわち外敵の殲滅である。こうした活動を担う組織なくしては、当該国家は独立国として成り立たない。

なお、もちろん独裁国家を典型とする非民主主義体制の国にも警察や軍隊がいるが、それは国民の安全保障というよりも、警察は権力体制を維持するための反体制分子の摘発や殲滅を、軍隊は近隣諸国を威嚇したり侵略したりするための組織であり、権力者が国民を抑圧的に統治するために利用する物理的強制力となっている。

▒財　界

第８に、企業または企業グループなどの経済組織である。国家を運営するためには、その国が自力で経済的な利益を獲得できる力が必要である。とりわけ、国内のインフラを整備したり、国民が日々の生活で必要とする物資を提供する経済活動を担う組織、いわゆる基幹産業が必要となる。民間企業や公企業に代表される経済組織はこうした役割の担い手であり、貿易や各種物資の生産・流通・販売、国民への賃金給与の提供者となっている。また、特に民間企業の場合には、国民から直接に強制徴収する税金とならび、法人格として政策の財政基盤の一角を成す資金提供者でもあるため、可能な限りの自由な経済活動が実現されるように政治行政に要請する政治主体でもある。すなわち、資本主義経済の擁護者としての役割である。

なお、独裁国家を典型とする非民主主義体制の国でも、やはり同様の組織があるが、そのほとんどは純粋な民間組織ではなく国営企業や半官半民企業であり、あくまでも権力者の意向に沿う経済活動を展開し、非民主主義体制を維持・強化するための財政的基盤となっているだけでなく、従業員たる国民を監視するとともに、国民に権力者のための労働を強いる管理者となっている。

組　合

第9に、労働組合などの社会経済組織である。企業とともに経済分野の専門組織としての役割を果たすのが、いわゆる労働組合である。もし労働組合がなければ、国民は企業という優越的権力を有する組織に従属する弱者としての位置づけを強いられ、その意向に反発することが許されない環境の中で生活することを強制されてしまう。したがって、この経済的動物としての労働者と使用者の社会構造における双方の権力のバランスを調整するのが労働組合の役目である。換言すれば、労働組合は労働者の利益を守り、また、その構成員の投票力を通じて政治行政に働きかけをする政治主体である。

なお、ここでも独裁国家を典型とする非民主主義体制の国に同様の組織があるが、それらの組織の目的は労働者たる国民の利益や権利を守るためではなく、国民の生活を監視したり統制したりするための役所の仕事を支援する副次的な組織であり、国民を強制的に労働させるための統治エリートと国民の間をつなぐ監視役および管理者役となっている。

▒非営利団体

第10に、非営利団体である。政府は国民個人よりもはるかに巨大な権力を有する組織であるため、ともすれば国民の自由や人権を阻害する暴走の危険性がある。そこで、国民の利益や人権を守るために、これまで見てきたようなさまざまな政治主体が国家に働きかけをしているわけであるが、しかしいずれの主体も、それぞれの自己利益を確保するための活動が結果としてそうした効果を上げている機能と構造にある。もたろん、まさにこの機能と構造こそが民主主義の本質を体現しているわけであるが、それでも足りない分野や領域が出てくる。そこで、自己の組織の利害関係にとらわれず、国民の自由や人権の擁護、そして社会のさまざまな問題解決のために活動する非営利団体が活躍する余地がある。学校やＮＰＯ法人などがそれに当たり、これらは利益を目的とせずに国民や社会のために世の中の問題解決を目指して活動する組織であり、利権構造から独立して政治行政への働きかけをする政治主体である。

なお、やはり独裁国家を典型とする非民主主義体制の国でも形式的には同様の組織があるが、その活動はすべて中央政府や地方政府の管轄下におかれており、組織自体の自由な活動をおこなう余地は厳しく制限されている。

■国民

最後に、国家の主権者としての国民である。民主主義の主権者は国民であり、国民は国家のあり方を最終的に決める権力者である。また、国家が政策を遂行する経費である財政の基盤を作る納税者としての役目を果たす。すなわち、「選ぶ者だけがクビにできる」の原則と同様に、「スポンサーだけが決める権限をもつ」わけである。

なお、言うまでもなく独裁国家を典型とする非民主主義体制の国にも国民がいるが、国家財政の基盤を作る納税者の役割をもつのは似ていても、彼らには権力者をクビにできる権力などない。要するに、それらの人々はその国に暮らす人民であっても、残念ながら国民と呼ぶにはおよそ非政治的な動物に堕落してしまっている。

以上のような多種多様な政治主体が、それぞれの問題領域や争点をめぐって対立したり協調したりしながら、結果として国民の自由と人権を守り、国家の維持と発展を支えるシステムが民主主義の政治体制である。各主体間の利害関係の調整には膨大なコストがかかるが、しかしそうであるがゆえに、できる限り特定の主体に権力の比重が偏重しないように平準化できる可能性があり、その意味で、こうした主体が相互にケンカしたり仲良くしたりする人的、物的および時間的、経済的なコストの存在こそ、民主主義の本質を実現するために必要な要素であると言える。なお、いずれの主体もそれぞれの専門的な分野における活動に従事するとともに、その組織の構成員がもつ有権者としての選挙における投票力を通じて、民主主義を守るために政治行政への影響力を有している。

また、すでに幾度も指摘しているが、独裁国家を典型とする非民主主義体制の国でも少なくとも外見的には同様の組織や状況はある。しかし、その目的はあくまでも抑圧的な独裁体制や権威主義体制の維持・強化であり、残念ながら国民の自由や人権を守るためではない。また、非民主主義諸国の選挙は非常に制限されたやり方で行われている。それは、自由、平等、秘密の三原則を踏襲されたものではなく、国民が権力者たちの地位に強制的に認可を与えるための似非選挙、擬似選挙とも言うべきイベントに過ぎない。

4　民主主義国の経済と外交

▒民主主義国の経済政策

次に、民主主義の経済体制であるが、すでに指摘したように、民主主義は国民の自由と人権を守るための政治制度であるから、その経済体制も資本主義経済が原則となる。[5] すなわち、政治的民主主義と経済的資本主義のペアは一つのセットなのである。また、その資本主義の枠内でおこなわれる経済活動も、民間企業や国民個人が主役の自由主義的な活動が尊重されることになる。いわゆるモノ、カネ、ヒト、情報などの生産手段の私的所有という原則であり、すでに指摘した私有財産制度の保障がその土台となっている。

これに対して独裁主義を典型とする非民主主義体制の国においては、その少数エリートによる政策決定や集権主義的な統治方式、また、国民を強制的に国策に動員するなどのやり方に適した社会主義的な計画経済が採用されている。いわゆる生産手段の社会的所有という原則であり、モノ、カネ、ヒト、情報などが原則としては国家や公的組織などの所有物であり、私有財産制度が保証されていないのである。

資本主義経済は、国家権力に縛られない個人の旺盛なる活力によって発展する自由主義経済であり、新しい技術開発や産業の革新はこうした環境によってのみ産み出される。しかし、こうした自由が制限されている非民主主義国では、したがって技術革新や商品開発のレベルが決定的に遅れている場合がほとんどである。

民主主義国の外交政策

また、民主主義の外交政策であるが、民主主義とは国民の自由や人権を守るための政治体制である。したがって、その外交政策は、可能な限り他国の国民の自由や人権も尊重するという原則の下で遂行されることになる。いわゆる平和主義的な友好外交である。この外交方針によって、通商政策や民間貿易も他国との自由主義的な原則の下でおこなわれる。

これに対して独裁主義を典型とする非民主主義体制の国においては、他の民主主義国と国内の民主化勢力との連携を遮断するために、他国との交流を制限するにとどまらず、頻繁に威嚇外交や強硬外交が採用される。平和主義的な友好外交は、国際協調や国際協力を通じて相互に交流・発展するための基盤であり、特に資本主義諸国間の民間企業による自由貿易には欠かせない土台となる。

5　民主主義の長所と短所

民主主義の長所

さて、これまで検討してきた民主主義の本質を踏まえた上で、政治体制としての民主主義の長所について検討する。まず、民主主義は、多くの国民のそれぞれの意見や立場を尊重し、その利害関係を調整する制度であるから、政策論議を自由な角度から慎重におこなうことができる。いわば漸進主義と呼ぶべきこの特徴により、民主主義体制においてはものごとを急進的に進めることを防止し、じっくりと時間をかけて遂行することができる。したがって、大きな失敗を防止することができるだけでなく、期待通りの成果が得られなくとも、みんなでよく考えた上での決定であったために結果を率直に受け止め、治安が乱れて秩序が揺らぐのを回避することができる。ただし、それによって人的、物的および時間的、経済的なコストを負担することを国民が容認しなければならない。

これに対して、独裁国家を典型とする非民主主義体制の国においては、政策決定に参画する人数自体がもともと少数であり、彼らの階層構造や地位もあらかじめ決められているため、すべてにおいて上位下達の原則が踏襲されることになり、利害関係の調整コストはほとんどない。

また、民主主義の目的は国民の自由と人権を守ることにあるから、いかなる政策を議論する場合にも、その目的を常に念頭に掲げた議論がおこなわれる。つまり、いかなる政策論議といえども、それによって国民の自由や人権を犠牲にすることをできる限り回避するように収斂していく傾向を保つことができる。いわば人権主義と呼ぶべきこのような特徴により、民主主義の政治体制において決定した政策については、すべての国民がある程度納得した上での政策とする可能性を高めるため、限られた少数の人間だけが利益を独占するような決定がおこなわれる可能性を低くすることができる。したがって、当該政策に対する広範な国民の理解と協力を得られることになる。ただし、こちらの長所もまた同様にして、人的、物的および時間的、経済的なコストを負担することを国民が覚悟しなければならない。

これに対して独裁国家を典型とする非民主主義体制の国では、統治エリートが強制的に国民の活動を統括する権力を有しているため、決定はすぐさま実行となり、政策論議は事実上存在しない。

民主主義の短所

次に、ここで指摘したような民主主義の長所は、実はコインの表側であり、その裏側として民主主義の短所を指摘できる(6)。すなわち、民主主義の長所として指摘した漸進主義は、裏を返せば政策決定にさまざまなコストがかかるやり方であり、その意味で、独裁主義や権威主義の国々が有する決定の迅速性という特徴に対抗することができない。そして、この弱点への対策としては、非常事態における例外的プログラムを事前に整備しておくこと以外にはないことはすでに指摘した。すなわち、緊急かつ重要な場合に限り、期間限定で政策決定の手続きを簡素化するプログラムである。最も重要なことは、そのプログラムの終了手続きについて明確な規定が組み込まれていることである。これがなければいつまでも非常時が続き、それが長期化すれば権威主義の罠に陥る危険性が増大するからである。

また、やはり前段で長所として指摘した人権主義も、裏を返せば様々な立場や利害関係の人々の意見を調整しなければならないため、政策の遂行に国民が一致協力して取り組むという状態に到達するには膨大なコストがかかる、というよりも、それが完全に実現することは不可能に近い。その意味で、独裁主義や権威主義の国々が有する包括性という特徴に対抗することができない。この弱点への対策としては、やはり迅速性の欠如の場合と同様にして、非常事態における例外的プログラムを事前に整備しておくことであることはすでに述べた。すなわち、やはり緊急かつ重要な場合に限り、期間限定で国民に強制的な行動制限を要請するプログラムである。ここでも最重要なことは、プログラムの終了手続きに関する明確な規定が記されていることである。これなくしては非常時が延々と続き、国民の自由や人権が阻害された状況が固定化して権威主義の罠に陥ることになる。

最も深刻な構造的弱点

実は、これに加えて民主主義には、より構造的かつ深刻な影響をもたらす弱点がある。それは、いわゆる世代間人口格差の問題というものである。というのも、民主主義はみんなで投票して決める政治体制であるから、必然的にある特定の世代の人口が比較的多い状況の場合には、その世代の人々の意見や要望ばかりが国家全体の政策に優位に反映されてしまう傾向が強くなる。そのような世代間人口格差を生み出す最大の要因は、言うまでもなく戦争である。戦争はそれが遂行されている時の主として若年および壮年の世代の多くの生命を奪い、逆に戦後は産めよ増せよのベビーブームを引き起こし、特定世代の人口比率ばかりを増やしてしまう。それによって、民主主義の自由と平等、特に平等の理念を崩壊させてしまうのである。

たとえば、日本ではいわゆる団塊世代と呼ばれる人口が膨れ上がった世代がいる。こういう状況では、その世代が得になることばかりが多数決で決められてしまい、他の世代の意見や要望がなおざりにされてしまう可能性が高い。また、人口の多い世代が存在するということは、これも必然的に彼もしくは彼女たちの子孫の世代の人口も同様に偏って多くなるため、結果として団塊シニアと団塊ジュニアの両世代に挟まれた世代の意見や要望は押しつぶされ、国民としてのより多くの負担を強いられることとなる。要するに、得をする世代と損をする世代が出てきてしまうのである。これは当該世代が亡くなれば済むなどという簡単な問題ではない。それどころか、これが実にその後も、子ども、孫、ひ孫と続くわけであるから、およそ100年以上にわたって同様の影響があると考えられる。戦争をやってはいけない巨大な理由の一つが、まさにここにある。

このように、特定の世代人口が膨れ上がることは、民主主義体制との共存に深刻な難問を残すことになる。いわば「最大多数の最大幸福」の原理による圧政ともいうべき状況である。これまで昭和から平成にかけての時代は団塊世代の人々が上位の社会的地位にあり、多数決でも優位にあったため、この深刻な事実は指摘・公言されるのが憚られる社会的および心理的制約があったが、もはや令和の時代となり、事実は事実、真理は真理としてここに明言したいと思う。

ちなみに、昭和後期から平成の時代を通じて高齢者ばかりが最優先される政策が目立ったのは、この時代の最大人口が、自分たち世代の行く末に不安を抱く壮年期の団塊世代だったからである。また、平成時代を通じて大手メディアに教授ならぬ准教授ばかりがもてはやされて出演していたのも、特に研究の実力がどうのこうのという基準のはるか以前に、彼ら准教授たちが団塊ジュニア世代だったからである。さらに、近年の子どもたちばかりが最優先される政策傾向は、単なる人口減少への対策というタテマエの意義よりも、むしろホンネはそれが団塊世代の孫の世代であるからに他ならない。彼もしくは彼女ら団塊世代は、自分たち自身とその子孫が利益を享受する政策を実現するために、そのような政策公約を掲げる立候補者ばかりに選挙で投票し、彼らの世代に利益が偏重した政策を実施する立法府と行政府を作り上げてきたのである。その結果が、今日の日本に甚大な弊害をもたらしていることは言うまでもない。民主主義はみんなの投票で決める政治制度であるから、そこでは理性よりも感情が決定要因となるからである。近年の選挙において、どの政党の立候補者も、福祉、社会保障、少子化対策など、似たような公約ばかり掲げているのはそのためである。その意味で、この国には残念ながら本当の意味での野党は存在しないと言ってよい。

6　民主主義の類型と国際比較

(1)　類　型　化

■行政府主導型

ところで、すでに指摘したように、民主主義には実は様々な種類があり、国によってそれぞれの特徴と個体差がある。それらを大きく分類すると、以下のような3つのグループに分けることができる。第1に、行政府主導型である。たとえば、アメリカやフランスに代表される行政権を重視した民主主義体制である。いわゆる大統領制であり、ほぼ完全なる三権分立制と換言してもよい。この体制においては、議会や裁判所から自律した大統領とその側近および各省庁の長官によって政策決定がおこなわれ、主として対外的秩序、すなわち外交面での優越的な権限をもつ。ただ、行政権を有する大統領が立法権をもつ議会から自立しているため、彼もしくは彼女が予算審議を待たずに暴走する危険性もある。なお、議会が予算審議権をもち、裁判所が違憲審査権を有するのは、ここで言うどのグループでも同様である。

■立法府主導型

第2に、立法府主導型である。これは、イギリスや日本に代表される立法権を重視した民主主義である。いわゆる議院内閣制であり、こちらは二権分立制と換言してもよい。行政府の長たる首相や大臣が議会の議員から選ばれるため、両者の組織が癒着することで政策の遂行と予算の確保がスムーズになり、安定的な政権運営が可能となる。ただし、立法権と行政権の融合という傾向が強い制度であるため、どうしても司法権がそれと比較して弱体化する危険性がある。

地方分権主義型

第3に、地方分権主義型である。これは、やはりアメリカや、特にドイツなどに代表される地方分権主義を重視した政治体制である。いわゆる地方自治制度の発達である。このような政治体制においては、大統領が主として外交権をもつのに対して、内政の権限は州や市などの地方政府にある。なお、地方自治の発達は、それぞれの地域に根ざした適材適所の政策を遂行できる可能性が高まる反面、中央政府の意向に従わない地方政府が醸成される可能性があるため、国家としての結束力が減退する危険性もある。

なお、民主主義のこうした分類に対して、独裁国家を典型とする非民主主義体制の国では、もともと立法、行政、司法、地方政治などのあらゆる権力を1人の独裁者もしくは少数の権力的地位にいる統治エリートが独占しているため、このような個体差はあまり見られない。かの国々では、集権主義によって国民を強制的に統制する抑圧体制となっているのが一般的である。

（2）国際比較

アメリカ

次に、より具体的な民主主義の国際比較である。(7) まず、アメリカの民主主義体制は、行政府主導型および地方分権主義が発達した代表的な事例である。その特徴は、大統領の外交権、議会の予算審議権、地方政府の内政における自立性である。独特の間接選挙で選ばれる大統領は、外交政策における主導的な権力をもっており、この領域に限ってはほぼ独裁的と言ってよい。ただし、これに財政的な認可を与えるのが議会であり、いわゆる下院の優越原則による予算審議権が付与されている。また、内政においては州や市の権限が大きく、いわゆる地方自治が発達している。よくアメリカは州によって法律が異なるとか、州によって司法試験が異なると言われるのはそのためである。たとえば、ニューヨーク州で弁護士資格を有する者がカリフォルニアで弁護士業をやるためには、改めてカリフォルニア州の司法試験に合格しなければならない。つまり、立法や行政だけでなく、司法制度も地方の独立性が高いわけである。また、議会はいわゆる二大政党制の状況にある。

なお、このような政治制度の特徴は、主として外交面における強い権限を有する大統領が国際関係の情勢に応じて迅速で的確な政策を遂行できる反面、その暴走の危険性が懸念される。特に、アメリカのような覇権国の政治は国際関係の動向と密接な連動性を有しているため、大統領の外交政策のいかんはそのままアメリカの国内政治にも反映される。よって、単に外交面における権限というにはあまりにも内政に対する影響力も大きいと言わねばならない。また、地方自治の発達は各地域ごとに適した政策を遂行できる反面、中央政府と地方政府との政策効果の乖離を生み出す危険性がある。

イギリス

次に、イギリスの民主主義体制は、立法府主導型および地方分権主義が発達した代表的な事例である。その特徴は、立憲君主制、議院内閣制、地方政府の自立性である。まず、イギリスには国家元首としての国王がいて、その下に立法府や行政府が配置されている。国王はほとんど儀礼的な役割を果たすが、議会の投票が決着しなかった場合には最終決定権をもつ統治者となるため、単なるシンボルではない。首相をはじめ内閣閣僚は原則として国会議員から選出されるので、立法府と行政府の権力が融合しやすい。議会は二院制で下院の優越原則に基づく予算審議権を有するが、同じ与党内の議員同士の首相や大臣の意向を支援する傾向が強くなる。ここでは、首相が政策方針を公表するに至るまでの段階で、すでに他の与党議員たちとは意見の調整が済んでいるからである。また、議会はいわゆる二大政党制の状況にある。

なお、このような政治制度の特徴は、常に議会における多数派の基盤に支えられた首相が安定した政権を維持しながら堅実な政策を遂行できる可能性が高い反面、立法府と行政府の人事的かつ権力的な融合が権力者たちの選民意識を育て、民意と乖離した政策を強行する可能性も高くなる。加えて、司法権の弱体化を招く危険性もある。また、地方自治の発達は、各地域の個別の事情に合った政策が遂行できる反面、中央と地方との政策的な乖離が生み出されることが懸念される。

フランス

また、フランスの民主主義体制は、アメリカ以上に大統領とその配下の行政府、すなわち官僚組織が強い政治権力をもち、中央集権的な傾向の強い代表的な事例である。その特徴は、大統領直接選挙制、行政府従属型の立法府、首都一極集中型の統治である。元首である大統領は国民1人1票の完全直接選挙で選ばれるため、外交だけでなく内政においても多くの権限を有している。選出基盤としての政党はあるが、首相も大統領によって任免され、議会解散権も有しており、その権力は絶大である。その目的は、国民からの直接の信託を受けた大統領が議会の権限に手足を縛られないためである。また、国民の直接選挙で選出される下院としての国民議会と、間接選挙で選出される上院としての元老院の二院制であり、いわゆる下院の優越原則下で前者は予算審議権をもち、後者は諮問機関としての性格が強い。さらに、地方自治も制度としては充実してはいるが、その権限は中央政府依存型であり、一極集中型の体制としての傾向が強い。「すべての道はパリに通ず」というわけである。

なお、フランスは世界屈指の官僚主義、エリート主義の国であり、その権力は他国の比ではない。民主主義諸国の中でも、おそらくは一般的なイメージとは異なり最も独裁主義や権威主義に近い制度的枠組みの国であるが、それを選挙の公正性で国民の自由と人権を守る制度として活用する政治体制の国である。また、行政府は複数の政党が連立政権を作るのが常態である。

なお、このような政治制度の特徴は、大統領や官僚組織などの強力な権限による統制の取れた国家政策を迅速に遂行できる可能性が高い反面、どのような人物が大統領になるか、いかなる人物が当該政策の担当役人になるかという人間的要素に多くを依存することとなり、民意に則していない政策が強行される心配がある。また、中央集権的な傾向が強い内政は中央政府と地方政府の政策的融合をもたらし、その政策効果を高める反面、各地域の事情を考慮した政策立案がなおざりになる危険性がある。

ドイツ

さらに、ドイツの民主主義体制は、立法府主導型および地方分権主義が発達した代表的な事例である。その特徴は、象徴大統領制、議院内閣制、地方政府の自立性である。まず、大統領は元首としての儀礼的な役目を果たすシンボルであり、優越原則下における下院としての連邦議会と、上院としての参議院の双方のメンバーによって構成される選出会議から選ばれる。大統領の下でより実質的な権力を有するのは、下院たる連邦議会から選出される首相および閣僚であるが、大統領に次ぐ序列は下院の議長であり、序列の第3位たる首相も下院から選出される。国民の直接選挙によって選出される下院と各州議会の代表からなる上院の二院制であることからも、地方自治が発達していることが理解できる。これはもともとドイツが様々な独立した王国だった名残りであり、その諸国が連邦制によって一国を形成しているためである。したがって、地方政府の内治における権限は比較的大きい。また、行政府は複数の政党による連立政権となるのが常態である。

なお、このような特徴を有する政治制度は、議会、政党、地方政府などのさまざまな政治主体の意向を取り入れた政策を遂行できる可能性が高くなる反面、その利害関係を調整するコストを増大させるため、国家単位として統制の取れた政策を迅速に遂行することが困難となることが懸念される。また、地方自治の発達は、それぞれの地域の個別の事情に則した政策を実施できる反面、中央と地方との政策的な乖離が国家としてのまとまりを脆弱化する危険性がある。

日本

さて、そこで日本の民主主義体制であるが、当初はイギリスに倣った議院内閣制を基盤としつつも、日本独自の制度、すなわち立法府主導型と行政府主導型の中間的な形態と、地方分権主義と中央集権主義の中間的な形態とが併存している非常に個性的な特徴をもつ事例である。その特徴は、立憲君主制、議院内閣制、中央政府と地方政府の勢力均衡である。元首としての天皇陛下は儀礼的役割を果たすシンボルではあるが、歴史的文化的な風土によって培われた国民気質の影響から、単なる象徴ではなく国民統合の精神的かつ実質的な統括者として隠然たる政治力を有する存在である。優越原則に基づく下院としての衆議院が予算審議権をもち、原則として国会議員から首相および閣僚が選出される。上院としての参議院は諮問機関としての性格が強い。地方政府は統括地域の内政における権限を有するが、基本的な方針は中央政府の意向から大きく逸脱しないのが慣例である。このように、立法府と行政府および中央政府と地方政府が権力のバランスを取りながら政策が遂行される個性的な政治体制である。また、いわゆる一党優位性もしくはそれに準ずる政権が常態である。

なお、このような特徴を有する政治制度は、立法府と行政府および中央政府と地方政府との双方の意向を取り入れた総合的な政策を遂行できる可能性が高くなる反面、その利害関係を調整するコストを増大させ、統制の取れた国家政策を迅速かつ的確に遂行することが難しくなる危険性がある。また、基本的に中央政府の方針に則した地方自治の発達は、中央と地方の政策的な乖離を回避できる反面、各地域の事情に合わせた政策を遂行する可能性を低下させる危険性がある。要するに、すべての政策効果が中途半端になってしまうことが懸念されるのである。

7　民主主義的パーソナリティー

▒コスト負担への覚悟

これまで検討してきたように、実のところ民主主義体制というものは、その成立から維持に至るまで膨大なコストがかかる政治体制であり、独裁主義や権威主義などの非民主主義体制の方がはるかにコストを節約できる政治体制なのである。そこで、このようなコストを負担するに値するだけの意義があるのか、そこがまさに分岐点となる。要するに、値段に見合うだけの商品かどうかを見極めることが必要となる。見合うとなればその商品を買う、すなわち民主主義体制を採用することになり、見合わないとなればそれを買わずに他の商品、たとえば独裁主義や権威主義の政治体制を選択することとなる。この見極めをせずに無条件にそれを受け入れていると、危機的状況に陥った場合にあきらめがつかず、すぐさま独裁主義や権威主義の罠にはまることになる。しかし、よく見極めた上で選択すれば、不満足な部分があっても自己の選択であることによってある程度は納得でき、その改善のために努力する意欲を喪失する危険性がないからである。

自由を重視する価値観

ここで確認しておきたいことは、民主主義体制を選択せずに非民主主義体制を採用すれば、それによって失う最大のものは国民の自由や人権であることに他ならない。自由や人権を犠牲にしてもよいのかどうか、そこが運命の分かれ道の指標である。そして、国民の多くがたとえ大きな負担を背負ってでも個人の自由と人権を守る国に住みたいと強く願う気持ちをもっており、また、そのような国民気質が歴史的な経験や文化的な土壌によってしっかりと確立している国であれば、民主主義の政治体制を成立させて維持していく素質をもっていると言える。これが第1の条件である。なお、これに対して独裁国家を典型とする非民主主義体制の国においては、たとえ国民の自由や人権を犠牲にしても、迅速かつ包括的な少数エリートによる政策決定とその遂行が合理的なやり方であり、それが自分たちにとって一番楽なやり方であると考える国民が多数派なのである。

異議申し立てに対する寛容性

次に、多くの国民が自分や他者を評価する人事上の基準として、上位の者のいうことをそのまま無条件に受け入れて言いなりになることなく、しっかりと疑問を解消して納得の上でその活動に従事する人間であり、また、そのような人間をきちんと評価する慣行をもっていれば、やはりその国は民主国家として運営できる基本的な素質をもっていると言える。これが第２の条件である。これに対して独裁国家を典型とする非民主主義体制の国では、上位の者からの指令に反発したり疑問をもったりするのはそれだけ自己の労力の無駄であり、最初から言いなりになって出世する方が合理的で利口であると考えるため、無条件で言いなりにならない者はむしろ非合理的で無能な人々であると評価するわけである。

政治的動物としての自覚

さらに、やはり多くの国民が、常に自分が国の主権者であることをしっかりと自覚し、自身が選んだ議員たちが代弁者としてきちんと活動しているかどうか、さらに、その中から統治者となった人々が本当に国や国民のために努力をしているかどうかを厳しく査定し、その知見を次の選挙に生かして投票する努力をしている国であれば、その国は民主主義国としての政治体制をきちんと維持する力をもつことになる。これが第３の条件である。これに対して独裁主義や権威主義の国では、難しい政治向きのことは自分たちより頭が良くて有能な人々に任せるのが得策であり、一般人が政治行政について考えるのはエネルギーの浪費だと考えるのである。

ところで、ここで指摘した３つの条件、すなわち、たとえさまざまなコストを負担してでも個人の自由や人権を守るべきだと考える、自分や他者を評価する際に上位の者から言われたことを無条件に受け入れるのではなく、自ら疑問を問いかけて納得できるかどうかを確かめることをよしとする、国や自治体の権力者たちがどのような統治をしているのかを常に興味をもって観察しつつ、それを投票に生かす努力をしているという3つの人格的特徴を、民主主義的パーソナリティーと呼ぶことができる。このような政治的人間としての性格、すなわち民主主義的パーソナリティーを有する国民が多数派であれば、その国の民主主義体制の基盤は強固なものとなる。逆に少数派となればその基盤は揺らぎ、権威主義の罠に陥る可能性が高くなる。独裁国家や権威主義国の国民は、残念ながらここで指摘した3つの条件をしっかりと満たしていないパーソナリティーであると考えることができる。

なお、こうした民主主義的パーソナリティーを作り上げ、さらにそれを維持するためには、われわれ国民自身の不断の努力が必要である。われわれ民主国家の国民は、自分たちが民主主義を支える主権者であることを常に自覚し、日々の生活の中でその大切さと必要性を意識しなければならない。この使命を果たし続けることには手間がかかり、面倒であり、経済的なコストもかかる。しかし、その労力を払う、すなわちコストを負担する覚悟があることこそ、民主主義国に生きる国民としての資格に他ならない。われわれは誰しも、その負担をみんなで背負うことが自分たちの自由と人権を守る最強の砦であることを誇りに思う気概を決して失ってはならないのである。

注

（1）わが国における民主主義に関する定番の文献は、戦後の義務教育における必須のテキストとして文部省が編纂した文部省（2018）であることに異論はないであろう。また、山本（2021）は、民主主義に関する最近の議論として興味深い。さらに、政治思想史の潮流における民主主義の位置付けについては、佐々木・鷲見・杉田（1995）が有名である。

（2）独裁主義に関する代表的な文献は、第２章・注（1）を見よ。

（3）権威主義に関する代表的な文献は、第２章・注（3）を見よ。

（4）民主国家が権威主義化して独裁国家へ近づく問題に関する文献は、第２章・注（2）を見よ。

（5）民主主義と資本主義の関係については、佐伯（2014）を参照。

（6）社会思想としての民主主義の問題点は、佐伯（2016）に指摘されている。

（7）各国の政治制度や政治体制については、阿部・内田・高柳（1999）、久保・砂田・松岡・森脇（2017）、梅川・阪野・力久（2014）、西田・近藤（2014）、新藤・阿部（2016）などを参照。特に、フランスの第５共和制についてはホフマン（1977）が名著として名高い。

第5章　代償（cost）：民主主義の再生

さて、本書では、非民主主義および民主主義の本質に関する比較考察を試行してきた。すでに何度も指摘したように、現代の民主国家は独裁主義や権威主義からの激しい侵蝕を受け、現状では量的にも質的にも圧倒的な劣勢に置かれている。現代は、いわば民主主義の危機の時代なのである。そこで、これまでの「敵を知らず己を知らず百戦連敗中」の状況から脱皮するために、本書では第2章で独裁主義を、第3章で権威主義を、そして、第4章では民主主義を比較考察し、それぞれの政治体制の長所や短所を学ぶ作業を通じて、少しでも「敵を知り己を知れば百戦して危うからず」の状況に近づくための努力の必要性を指摘して来た。よってこの最終章では、これまでの知見を基に民主主義の再生への道を模索し、その具体的な政策論を提示する。

1 人々を惑わせてきた5つの誤解

ところで、そもそも古来より人類社会は、自然が引き起こす災害や人間自身が引き起こす戦争など、常に大きなインパクトをもたらす現象や事件を受けて社会が変動する経験を積んできた。たとえば、近年におけるパンデミックのインパクトは、アフター・コロナ、ポスト・コロナ、ニュー・ノーマルなどの凡百の造語を生み出し、この種のテーマに基づく活発な議論がおこなわれた。そして、そこで示された共通の認識は、パンデミックのインパクトによって国家や社会や国際関係の動態の本質が変わるという洞察であった(1)。

▒インパクトで世の中は変わる？

しかし、実のところ、政治や経済や国際関係の動態の本質は、パンデミックのインパクトによっても変わるところがなかった。たとえば、日本の政治や行政は、パンデミックの渦中にあっても常に決まりの後手後手に回り、経済は依然として的を得ない政策介入のために不況の状態から今だに脱却できないままである。世界はと言えば、相変わらず日米英豪同盟と中露朝義同盟の対立を回転軸としており、欧州諸国がその渦中で右往左往するお約束の動向も変わらない（義＝イラン）。重要なことは、これらの問題点や趨勢がすでにパンデミックによるインパクト以前から各所で頻繁に指摘されてきた現象に他ならないという事実である。

それどころか、近年、われわれの眼前で繰り広げられてきたのは、社会の危機的状況に的確かつ迅速な対応ができないばかりか、むしろこうした機会を利用して自己宣伝のプロパガンダを嬉々として展開する政治家たちや、それに踊らされる官僚やメディアのあまりにも残念な姿であり、それもまた、紛れもなくパンデミックによるインパクト以前の社会において、すでに幾度となく繰り返され、批判されてきた光景であった。

こうして、少なくともその動態の本質においては、パンデミックのインパクトによっては政治も経済も国際関係も、要するに国家も社会も世界も変わらなかった。もちろん、技術的スキルの変化や進化はあれども、また、限定された地域や業種によって例外はあれども、社会や国家や国際関係が本来的に有している動態の論理や、そもそもの人間の本質は変わらなかったと言わざるを得ない。

では、果たしてなぜ変わると言う見方の人々がもてはやされ、そうした意見に賛同する人々が多かったのであろうか。それは、それだけ現状に不満をもつ人々が多かったからに過ぎない。すなわち、現在の政治的経済的な閉塞状態から脱却し、今よりもよい世の中に変わってほしいという人々の願望が「コロナによって世界が変わる」という言葉に期待したわけである。

しかし、このような期待予測とは裏腹に、国家も社会も国際関係も、そして人間も、その本質は所詮は変わることがなかったというのが現実である。つまり、アフターコロナもポストコロナも、結局は人々の願望であり、幻想に過ぎなかった。要するに、インパクトで世の中の本質は変わらないのである。われわれは、まずもってこの厳しい現実をしっかりと認識する必要があった。われわれは、何か大きな出来事が起こるたびに「これで世の中が変わるのに合わせて政治も改善されるだろう」と、期待しては裏切られる経験を無数に繰り返してきた。これが第1の誤解である。

立派な人物を政治家に選ぶ？

ところで、われわれ国民は、外交や経済などの社会問題への対策を検討する際に、常に信頼できる政治家、有能な官僚、すなわち的確かつ迅速な判断力や実行力を有する人材の登場や登用を期待する傾向がある。近代や現代においても、国家や社会の運営がうまくいかない度に、もっと立派な人物を選挙で選ぼうとか、もっと有能な人材を官僚として育てようとか、果てはもっと強力なリーダシップを発揮してくれる有能なリーダーに登場して欲しいなどといったお決まりの提案が繰り返されてきたのは、こうした思考上の方法論的な認識が広く深く国民の意識に浸透して固定観念となっている証拠である。しかし誠に残念ながら、この考え方自体がそもそもの誤りだったのではないだろうか。

もちろん、世の中には尊敬に値すべき立派な人柄やスキルをもった人々が多数いる。しかし、果してそういう立派な人柄の人たちは、そもそも選挙に立候補して政治家になりたいと願う種類の人材なのだろうか。また、そういう立派なスキルをもった人たちは、果たして公務員試験を受けて官僚になりたいと思うタイプの人材なのだろうか。もちろん中にはそのような人々もいるであろう。しかし誠に残念ながら、そういう人々はおよそ少数であって、彼もしくは彼女ら以外の多数派たる立派ではない権力欲旺盛な人々の攻勢には抗し得ないのが現実であり、それが民主主義というものなのである。なぜなら、民主主義とは数こそがものを言う体制だからである。

たとえば、世間で「良い人」と言われる人たちの多くはそもそもが穏やかで温厚なタイプの人々であり、もともとあまり率先して発言や行動をしない人たちであり、そのような人たちは組織や共同体の中ではより上位の人々から「人柄が良い」と評価されて出世はしても、社会問題の解決に創造的かつ積極的な役割を果たす種類の人材であるとは言い難い。要するに、このような控え目で実直な「良い人」はあくまでも「良い人」であるに過ぎず、われわれ国民にとって彼もしくは彼女は決して社会の変革において「役に立つ人材」ではないのである。

むしろ単純に考えても、問題解決を立派な人物に任せようという発想こそはそもそもが独裁政治を生み出す最大の要因であり、民主政治を根底から破壊する発想に他ならないのは自明の理である。有能なリーダーによる強いリーダーシップを望むと言えば聞こえはよいが、それは換言すれば、独裁者による独裁政治を請うという意味とほとんど同義だからである。要するに、立派な人物を政治家に選ぶというのは妄想や幻想とも言うべき願望に過ぎなかったのである。われわれはこうした事実もしっかりと認識する必要があった。これが第2の誤解である。

人間の技量に頼る?

これら2つの重要な誤解を認識するに至った上で、われわれは1つの方法論的な命題に到達することになる。それは、公共の社会問題に取り組む対策として、それを政治家や官僚の人格やスキルなど、いわゆる特定の人間的な要素に頼ってはならないということである。そして、実はこの方法論こそは、その昔、かつての非民主的な社会や国家の体制を打ち壊し、民主主義的な国家や社会の体制を生み出した人々の社会哲学の基盤となった考え方のはずであった。すなわち、それは人間の恣意的かつ感情的な要素を可能な限り排除しつつ、社会問題の解決を法律や組織などの非人格的な制度やシステムに委託するという方法論に他ならない。

実のところ、人間とはそれほど大した動物ではない。もちろん、科学技術の進歩によってもたらされた以前とは比較にならないほどの快適な生活や秩序ある国家や社会の実現は、人間が持つ巨大な才能を感じさせる成果の一つではある。しかし、すでに見たように、国家や社会の本質が変わらない理由を突き詰めて考えれば、残念ながらその基盤である人間という動物の本質にあまり進歩がないからというのが理由であると言わざるを得ない。要するに、何らかの重要な問題が表出すると、そこで必ず「昔から同じ過ちを繰り返してきた」と言われるのはその証拠である。

特に、政治、経済、外交など、為政者たちが活動する舞台で汚職や不祥事や失策が繰り返されている現実に直面する時、そこでは、これまでのわれわれが人間の力を過信し、国家や社会の改革や革新の立案や遂行を、人間、特に有能で信頼できるとおぼしき少数の政治的リーダーの力量に委ねて期待する、つまりは誰か他人の力に期待するという他力本願的な思考自体が確実に間違っていたことに気づかされるのである。要するに、人間の力は万能ではないばかりか、そもそも人間とはそれほど大した動物ではなかったのである。ここに第３の誤解があった。

▒みんなで決めればうまくいく？

以上に見てきたように、そもそも民主主義の出発点とは、為政者たる人間の理性や能力の限界という極めて現実的な認識に立脚した政治体制のはずであった。つまり、国家や社会を運営する作業は、その構成員たる全員がすべての統治作業を担当するわけにはいかないので、そこでは、代弁者たる政治家が国民のエージェントとして統治作業を代行する必要がある。ここに、すべての国家や社会が少数による多数の支配、すなわち寡頭制支配となる根源的な要因が存在するのは政治学の基礎理論が語るところである。

しかし、そこで選ばれる政治的リーダーの能力には人間であるがゆえの限界があり、当然、ミスや失策が生まれる。さらには、ものごとを民主的に決定するということは、それがさまざまなスタンスの人々の利害関係を調整して平準化された意思決定を生み出す結果を招くことが必然であるから、必ずしも該当する社会問題に適格で迅速な対応ができない場合が多い。

つまり、「みんなで決める」や「みんなで選ぶ」ということは、聞こえはよいが多くの場合に成功しないのが常であり、成功する方がむしろ希少であることになる。なぜなら、社会問題とは複雑かつ多様な要素が関連する事象であり、その解決や緩和はもともと簡単なものではなく、うまくいかないのが当たり前のものなのである。しかし、ほとんどすべての人々は、民主主義が良い体制である理由を「みんなで決めるのでうまくいくから」と考えている。つまりは、それが根源的かつ致命的な誤解だったのである。

すなわち、民主政治がなぜ独裁政治よりも望ましい政治体制であるのかは、みんなで決めればうまくいくからではなく、みんなで決めればうまくいかなくてもあきらめがつくからなのである。たとえば、選挙で当選した政治家が汚職や不祥事や失策を犯したとする。その場合に、そらはたしかにわれわれ有権者の投票で選ばれた人材であるから残念なことではある。しかし、おかしな奴を選んでしまったわれわれにも責任がある。それなら次の選挙ではもっと厳しく選択しようという思考回路が機能することになる。

ところが、1人もしくは少数の人間が民意とは無縁の勝手な決定をして失敗した場合には、国民の反体制的な言動や活動を生み出して秩序が保たれない可能性が高まる。よって、国民のそうした動揺を警察や軍隊を動員して力づくで押さえつける抑圧的な支配が行われることになる。しかし民主的に決めたことであれば、体制自体を揺るがすような混沌は避けられる。この安定した秩序の維持こそが民主主義の最大の役割であり、また本質でもある事実をわれわれはしっかりと認識する必要がある。なぜなら、秩序を作成・維持することが国民の自由と人権を守る大前提だからである。いずれにしろ、みんなで決めれば成功するからではなく、失敗してもあきらめて次へ進むことができるから民主主義は大事なのである。ここに第４の誤解があった。

▒安定多数政権が良い世の中を作る？

それでは、果たしてわれわれはこのような民主政治の選挙における投票行動で、どのような人物を政治家として選出すべきであろうか？　これまで長い間、われわれ自身とわれわれの先達たちは、さまざまな視点からどのような資質の人物を選ぶべきか、その望ましい資質とはどのようなものであるのかを議論してきた。もちろん、そういった政治的リーダーや政治的リーダーシップの議論は重要であり、筆者自身も誰よりも多くの研究業績を世に問うてきた。しかし、民主政治においてはごく少数の歴史的な例外を除き、残念ながらいかなる人物を選ぼうとも期待どおりにはうまくいかない場合が多い。また、当初は期待に応える姿勢を見せてはいても、権力的地位に就く機会を通じて民意から徐々に離れていき、努力の方向を自己保身に傾けてしまう変節漢の政治家も多かった。

実はわれわれが抱いてきた最後にして最大の決定的な誤解がここにある。すなわち、良い政治、信頼のおける行政、効果的な政策を立案・遂行するためには、為政者が他勢力を圧倒する多数派を擁する安定的な権力基盤を有している政権がよいという誤解である。メディアが「ねじれ国会」などという言葉を使うのは、そういう誤解が広く社会に浸透している証拠である。もちろん、途上国においては大規模かつ迅速な開発政策が必要であり、その実施のためにはこうした優位性を有する政権の方が政策の遂行が容易な場合もあるだろう。しかし、ある程度の民主政治の基盤が浸透している先進国においては、このような安定性は逆に当該為政者に緊張感を喪失させる巨大な危険性があり、自身の権力的地位に安穏として汚職や不祥事や失策を招く可能性も高めてしまうのである。要するに、政治家に安定的な多数政権の状況を与えてしまうと、それにあぐらをかいて努力をしなくなる可能性が大きくなる。候補者が選挙で提示した公約を実現しない場合が多々あるのは、所詮は選挙に勝ってしまえば公約を実現しなくても権力的地位にいることができるからである。

したがって、こうした状況を是正するためには、むしろ安定多数を基盤とする政権よりも与野党の勢力が拮抗する状況の方が緊張感を維持させる意味からも望ましいと考えることができる。なぜなら、こうした状況下では、汚職や不祥事や失策はより直接的に当該政権に対する内外の厳しい批判や離反を招き、当事者にとっていつ自身の権力的地位を喪失するか常に脅迫的威圧を与えているからである。このように、安定的な多数派を政権基盤とはさせない方が民意を反映させる可能性が高いという事実も、われわれがしっかりと認識する必要があった第5の誤解である。

そもそもガルブレイスが富裕層（affluent people）と呼び、ケインズが金利生活者（rentier class）と呼び、マルクスが資本家階級（capitalist class）と呼んだお金持ち集団は、どの国でも全人口のおよそ1パーセント程度の人数である。政治家や高級官僚という人種はその中にいる人々、もしくは、それらの人々の買弁階級となっている全人口のおよそ10パーセントのいわゆる上級国民であり、もともとそのような特権的な地位にいる彼らに安定多数を付与することは、すなわち、その地位を保全してやることを意味する。(2) そうなれば彼らが努力をしなくなるのは必然であり、彼もしくは彼女らの堕落を防止するためには、常にその権力的地位から落ちる恐怖を抱かせておくことが必要だったのである。

▒方法論的課題

さて、ここまでわれわれは、自分たちが抱いてきた致命的な5つの誤解について考察してきた。それは、インパクトを契機として、新しくよりよい世の中に生まれ変わるだろうという人々の期待予測とともに、人々の誤った理解が生み出した期待認識とが合わさって出来上がった虚構であり、虚像であった。そして、残念ながらこれらのことは、事実をしっかりと認識しないことから生ずる誤解に過ぎなかったことが判明した。いわばこれらは現実ではなく、理想であり、空想であり、人々の願望が生み出した神話に過ぎなかったのである。

こうした神話が長きにわたって社会全般に浸透するとともに、人々の固定観念として定着し、思考や行動を規定する認知イメージを形成することで、残念ながら世の中に対する人々の良識を曇らせ、その行動を間違った方向へと導いてきたのである。そして、この誤解の代償は、われわれに計り知れない甚大な損失をもたらしてきた。それはすなわち民主主義の自滅である。われわれを惑わしてきた誤解は、本来進むべき方向とは異なる方向へわれわれの政治意識を誘い、その結果、やり方を間違ったわれわれが生み出したものは、一部の権力エリートたちの独裁主義や独善主義の蔓延、すなわち民主主義の崩壊であった。

ここに至ってわれわれは、従来、政治家を選ぶ基準としてきた概念とその理論的背景を検討しなければならない段階に到達した。そして、民主政治における国民の政治参加、すなわち選挙における投票行動の指針として、第1に、そもそもいかなる指標を用いて政治家を選んできたのかを考察し、第2に、人間の資質やスキルに依存した政治行政の陥穽を論ずるとともに、第3に、安定多数創出の危険性とそうした政治状況を回避する手法について検討しなければならない。先取りして言えば、その対策とは「49対51の原則」というものである。

2 政治家を選ぶ基準の常識の非常識

(1) 政治家を選ぶ判定基準

さて、われわれはこれまでどのような指標で政治家を選んできたのであろうか。そもそも政治家にふさわしいかどうかは当該人物が有する人間的な資質やスキルであろうから、それらの要素を判定できる指標として、われわれはおよそ外見、人柄、属性などを頼りにしてきたと考えられる。(3) より詳細には以下のようである。

外　見

第1に、いわゆる外見である。われわれが選挙でいずれかの候補者に投票するという行動は、人物を判定するために経験的に用いられてきた特定の指標に基づいて遂行される選択行動である。そして、その指標の最たるものは当人の外見である。どんな顔つきか、どんな体格か、どんな服装か、あるいは話し方や立ち居振る舞いなど、その人間の皮膚の外側に出てくる要素から判定するのである。たとえば、クレッチマー（Erunst Kretschmer）のやせ型、肥満型、筋肉質型の類型はあまりにも有名であるが、しかし、こうした指標に基づく判定はあくまでも選ぶ側の主観的な判断に基づく手法であり、それこそ誤解や失敗も多い方法である。

人柄・性格

第2に、人柄や性格である。本人との実際の会話や行動などから、性格や人格を推測してそれを指標とする判定の手法がある。より確実なのは、本人に心理テストを受診してもらう方法がある。たとえば、石井（2003）の創造型、管理型、象徴型の三類型はその一例ではあるが、これもまた上記の外見判定と同様に、あくまでも選ぶ側の主観的な評価に基づく手法であるため、やはり誤解や失敗も多い方法である。

▒属性・経歴・スキル

第3に、属性、経歴、スキルなどの要素である。その候補者の所属政党、政策公約、出身地、学歴・学校歴、年齢、実務経験、外地滞在歴などの属性の指標から、当該候補者が政治家にふさわしい人物であるか否かを判定するのもよく使われてきた手法である。この方法はこれまで見てきた2つの手法よりも少なからず客観性が高いと考えられるが、しかし、果たして立派な学校を出ている経歴がどれほど政治家としてふさわしい要素であると言えるのかどうか、いわんや、そもそも立派な学校とはどんな学校のことなのか、年齢が高ければどんな人間でも立派な人格者であると言えるのかなど、それぞれの要素に判定基準としての致命的な脆弱性が多々あり、やはり誤解や失敗の可能性が大きいと言わざるを得ない。

要するに、われわれは常に環境の変化と人格の変容という要素をよく視野に入れなければならないのである。すなわち、ある特定の指標に基づいて政治家にふさわしいと思しき資質やスキルを有する候補者を選んでも、時代の推移とともに社会の環境が変化し、当人が有している要素が必ずしも政治家としてふさわしいものではなくなる場合がある。また、そもそも人々が思い描いている政治家の理想像や必要とされる資質やスキルは主観的なものであり、必ずしもそれが正しいとは限らない。さらに、権力的地位に就いた後に本人の人格そのものが変わる可能性も大きい。したがって、政治家の適性を人間的な要素によって判定する方法ははなはだ信憑性に欠けるあやしい選択手法であると言える。

▒一貫性・明確性・効率性

事程左様にして、残念ながらここで見てきた従来の3つの手法は、いずれもその成果として事実を判定する効果の点で多分にあやしいものであり、その成果が限定的な方法であった。しかしその中で、敢えて最も手っ取り早い低コストの効率的かつ合理的な方法を選ぶとすれば、おそらくは一つ目の外見によって判断するという手法であろう。世の中ではよく人を見かけで判断するなとか、外見よりも内面が重要だとかいった体裁が聞かれるが、ほとんど全ての人間はお互いを外見で判断している。なぜなら、内面の要素は少なからず外見に表れるからであり、それがある程度の当該人物の本質を見抜くのに効果的な方法であることを人類が経験的に知っているからに他ならない。特に、当人の服装や態度とともに、話し方や公約内容が明確であるか、そこに一貫性があるかという要素は、選ぶ側の判定を左右する最も重要な要素の一つとなってきた。

すでに独裁主義や権威主義の権力体系を論じた際にも指摘したことではあるが、一般に世の中では、こうした明確性、一貫性、効率性のあるものが良いと考えられている。理由は大きく言って2つあり、その方が手っ取り早く、周りから見てもわかりやすく、かつ安上がりだからである。それでは、明確で一貫して効率的であればうまくいくのかというと、必ずしも、というよりもほとんどの場合にうまくいかない。なぜなら、世の中の状況や人心は絶えず変化しているから、明確性や一貫性または効率性にこだわると、その変化に的確に対応できないからである。

たとえば、社会主義や共産主義が失敗した理由は、論理的に明確で一貫性のあるマルクスやレーニンの著作の記述にこだわったせいであり、そのドグマ性が障害となって世の中の変化に適応できなかったからではないのか。そして今、厳格な教義をもつキリスト教や仏教の勢力が減退し、比較的融通の効く教義のイスラム教が勢力を拡大しているのも同じ理由ではないのか。たとえば人間は、特に若いうちは、本人の興味の対象や能力の種類が変わればそれに合わせて人生の目標自体を変えても一向に構わないにもかかわらず、既定方針の呪縛に囚われて判断を誤るのが常である。人生にとって最も大事なことはその選択の結果として利益を獲得できるかどうかであって、初志の貫徹ではないにもかかわらず、そうした同じ過ちを繰り返してきたのが人類の歴史に他ならない。

ちなみに、いかにも一貫性があるかのように他者には見せかけておいて、実は世の中の変化にその都度対応する、良く言えば賢明な、悪くいえば狡猾なやり方ができれば、常に人々からの評価を得ながらものごとを遂行することができるわけなのだが、果たしてそんな方法はあるのだろうか。実は一つだけあって、それはできるだけ将来の目標を遠く大きく設定することである。誰から見ても文句の言えない未来の大きな目標、たとえば世界平和の実現とか、豊かな国家の建設とか、みんなが幸せに暮らせる社会の実現とか、人種差別の撤廃とか、環境破壊をなくすとか、そういう大風呂敷の目標をまずは掲げておいて、それを実現する手法については臨機応変に対応するのである。もちろんここが難しいところであって、あまり遠すぎる未来ではダメであり、また、あまり実現可能性の低い夢物語でもダメである。なぜなら、それは人々に妄想と解釈されて受け入れられないからである。よって、そこそこの未来のそこそこの大きな目標でなければならず、その見極めと設定が難しい。

本来、政治家や官僚の役割とはまさにこの目標を設定し、その達成のために現実的な政策を実施するのが仕事であるはずなのだが、人心から離れた感覚しか持ち得ない人物が権力的地位につくことで、その国の国民が不幸な状況に置かれることとなる。そこでは、設定される目標や選択される政策のいずれもがチグハグで的外れなものとなり、ある特定の集団だけが利益を享受する利権構造が生まれ、そのような政治や行政が国民の支持を得られないばかりか、結果として十分な成果を上げることもできない状況が生まれてしまう。ちなみに、政治家は〝この国はすばらしい国だ〟と言って地位を守るが、官僚は〝この国はひどい状態だ〟と言って権力を拡大するのが常である。

（2）常識の非常識

ところで、われわれが常識と考えてきたことが実は非常識であったことは、人類の歴史においてよくある経験である。たとえば、われわれの先祖たちは生命は自然発生するものと考えていたし、永久機関は必ず作れるものだと信じていた。しかし、科学の進歩と文明の進化はそういったかつての常識を過去の迷信へと追いやった。もちろんガリレオの地動説の事例を持ち出すまでもなく、すでに有していた固定観念やイメージを新たな知見に置き換えることは勇気のいる作業である。しかし確実なことは、このコペルニクス的転換の勇気をもち得た者だけが真理へ肉迫し、新しい時代を切り拓く担い手の1人になれるということである。民主主義が独裁主義からの挑戦を退け、日本と世界が新しい一歩を踏み出せるかどうかは、すべてはこの点にかかっている。間違った知識を改めることに躊躇をしてはならないし、むしろそれを怠ったがゆえに後世に禍根を残すのを回避する方が何倍も大切である。

特に、われわれがこうした常識の非常識を見抜く、とりわけ政治に対してそうした洞察を行う場合に最も留意しなければならない要素の一つが、プロパガンダの落とし穴である。すなわち、そもそも政治家の役割とは国民から強制的に徴収する税金という資源をいかに効率的に配分するか、そのお金の使い方を決めることである。したがって、その職位は主権者たる国民のエージェントに過ぎない。それがなぜ国民よりも偉い人間としてのイメージをもたれるかは、宣伝の結果としての知名度の大きさが生み出すまさに誤解の産物である。彼らが公共性の高い決定権をもつがゆえに、名前や姿がメディアに取り上げられる機会が多いという事情は、こうした弊害を生み出す根源となる。

3　人間の資質から人数の論理へ

中庸主義と漸進主義

すでに見たように、民主主義は決定事項の本質と責任の所在を不明確にする。しかし、それでも社会秩序の維持、それによる国民の自由と人権の擁護という視点から見れば、独裁主義や権威主義よりも遥かに望ましい政治体制である。なぜなら、それが成功可能性を保障するからではなく、失敗した場合の混乱を防止する機能、すなわち秩序維持の機能を果たしているからである。そもそも集団による意思決定のほとんどは、その目的を完全に達成することなど不可能である。民主主義は、社会システムにおけるその不完全で未完成の成果を容認する根拠を与えてくれる。すなわち、みんなで決めたのだから成功するのではなく、みんなで決めたのだから失敗してもあきらめをつけてほどほどに少しずつ前へ進もうという論理に他ならない。

そもそも社会問題への対処を議論する際に、その思考の原則としてこのような「ほどほどに」という感覚、すなわち一種の「中庸主義（moderationalisme）」を採用することは重要な方法論的命題の一つである。同時に、意思決定における「堅実に少しずつ」という感覚、すなわち目標の設定および手段の選択の過程における「漸進主義（incrementalisme）」の遵守は、前者と併せて民主的な意思決定原則の双璧とも言うべき重要度を有する。なぜなら、社会問題への対処に関する政治的決定の作成は、本来的にアンビバレントな要素を有するトレード・オフの選択だからである。そして、こうした状況における政策決定には、それが失敗したり、成果が不十分であった場合に、人々をある程度納得させられる言い訳が決定的に必要なのである。その意味で、責任の所在が明確な独裁主義の体制は逆に致命的な脆弱性を有しており、むしろ責任の所在が不特定多数の国民という不明確な主体に帰せられる民主主義の方が政治体制としての安定性と強靭性を有している。

過激かつ急進的な極論を主張する人々の常套句は、お国のため、世の中のためという言葉である。しかし、そもそもお国のための奉仕や世の中のための犠牲といえば聞こえはよいが、そうした理想主義的な思考が過度に蔓延する状況は社会を滅亡へと導く可能性を有する。なぜなら、それは社会発展に必要不可欠な合理性や効率性の手足を少なからず縛り付けるからである。「民主主義を守れ」だの

「環境を守れ」だのといったスローガンを声高に叫ぶ人種は、自らの手足をそうしたドグマによって縛り付けてしまう。これによって抑えつけられる活動、すなわち個人の欲求を充足させるための人間の自由で旺盛なリアリズムの活動こそが、社会発展の最大の原動力だからである。

事程左様に、万事、過剰は禁物である。ある程度の奉仕の心とある程度のリアリズム、その両者のバランスをどこに置くか、常に時空を考慮してよく見極める努力が肝要である。たとえば、どこまでの人々を助けるのかを決める福祉政策や社会保障の作業は、どこからは助けないかを線引きする作業と同義である。今日、日本の国力が減退しているのは明らかに過剰な社会保障負担によるものであり、やり過ぎた失策のツケだと言わねばならない。また、世評よく使用される状況概念としてのグローバライゼーションと政策概念としてのグローバリズムは明確に区別される必要があった。利潤の拡大を求めてより大きな市場を開拓するためにモノ、カネ、ヒト、情報の流通が国境を越えて浸透していくことと、それを人々の利益獲得のために政治や文化の領域まで含めて人為的・意図的かつ政策的に深化・拡大させる活動とでは、その目的と人間や社会に対する影響が質的に大きく異なるからである。両者を混同した結果、そこにグローバリズムに対する過剰な期待予測や間違った正当性が生まれ、やり過ぎた多くの企業や産業に甚大な損失をもたらしたのは周知である。

「49対51」の原則と偽善からの卒業

さて、今回のパンデミックによるインパクトに伴なう一連の出来事により、私たちは非常に多くのことを学んだ。その最大の教訓は、結局、どれほど有能な経営者や立派な国民がいても、より上位の権力的地位にいる政治家や官僚が無能であればその国は終わりだという現実に他ならない。

たしかに、有能な政治家とはどのような人物であるか、そのような人物を政治家にするためにはどうすればよいのか、政治家にふさわしい資質とはなにかといった議論の充実は必要かつ重要であるのかもしれない。なぜなら、仮に世の中に有能で立派な人が存在するとして、そのような人物が政治家になってくれるならそれに越したことはないからである。しかし、そのような人物は実社会では皆無もしくはあまりにも稀少であるばかりか、そもそもそうしたタイプの人材は政治家や官僚を目指すタイプとは異なる種類の人間である場合が多い。よって、いかにして立派な人物を選ぶかという人間本位の思考が真理であるかどうかは非常にあやしくなる。実はそれが大きな誤解であり、この勘違いこそがすべての元凶だったのではないだろうか。果たしてわれわれは、政治体制を一つの有機的なシステムとして考え、どのような政治の「構造」であるべきかではなく、いかなる「状況」を作ることが国民の利益になるのかという視点から考える必要があったのではないだろうか。

結論から言えば、議員総数を単純に１００とすると、与野党の勢力が「49対51の原則」の人数配分になるような状況が最も国民の利益を守るために有効な体制となる。あるいは圧倒的多数を擁する与党であっても、その内部がそれぞれ権力闘争をおこなう派閥に分裂していれば代用できる。要するに、与野党の勢力が拮抗しているか、多数派の与党の内部が厳しい派閥抗争の状況にあるか、そのいずれかであればよい。あるいは二院制を採用している議会をもつ国では、優越する下院格の議会を政権党に勝たせたならば、もう一方の上院格の議会は与党ではなく野党が多数派を占めるように投票するべきなのである。いわゆるメディアが言う「ねじれ」とは本末転倒な用語法であり、この「ねじれ」があってこそ民主主義が正常に機能するわけである。

われわれは有権者として、政治家のこうした人数配分が選挙結果として実現されるように投票するべきあり、どの候補者が政治家にふさわしいかどうかははっきり言って「それに越したことはない」という程度の二次的な問題となる。換言すれば、どのような人物が選ばれるのか、いかなる人物を選ぶべきなのかということは実は副次的な課題に過ぎず、大切なことは、政権派と反政権派の頭数の配分に極端な差がないようにすることにあるわけである。

なぜならば、このような人数が拮抗した状況下であれば、政治家は自分および所属党派もしくは所属派閥の勢力がいつライバルによってひっくり返されるかわからないような不安定な状態に置かれる。換言すれば、与党であればいつでも政権の座から引きずり下ろされる可能性があり、野党であればいつでも政権獲得の可能性があり、あるいは与党内の対抗派閥であれば首相や大臣を自分たちの派閥から交代させる可能性があるため、その可能性が高ければ高いほど双方の党派や派閥の政治家たちの怠慢や汚職を防止できる可能性も高まる。与党は権力的地位を守るために、野党は政権を奪取するために、対抗派閥は自分たちの派閥の中から首相や大臣を内閣へ送り込むために、政治家としての勤勉で建設的な活動、とりわけ堅実なリアリズムに根ざした活動を実直かつ懸命におこなうことになるであろう。なぜなら、汚職やスキャンダルや失策は、自分だけでなく自分が所属する政党や派閥の命運をも左右するからである。

最も重要なことは、多数決原理によって政策決定が成される民主的な政治体制においては、ある特定の勢力に絶対多数の安定的な勢力を与えないこと、すなわち、一方の集団に他方の集団を圧倒するような決定的な力をもたせてはならないということである。われわれが想起すべきは、大事なことは実はたった一つだけだという真理である。大規模な物量を投入した大作戦より、相手の心臓を一突きする奇襲の方がはるかに効率的で効果的である。人が親になるために必要な資質はたった一つであり、失敗や苦悩を繰り返しながらも恥も外聞もかなぐり捨てて強くたくましく生き抜いていく姿を子どもに正直に見せる勇気をもつことだけである。すなわち、われわれが民主主義を守るために、それが本来の機能を効果的に果たすためになすべきであったことは、実はたった一つ、この「49対51の原則」の人数配分という状況設定だけだったのである。そして、これはすでにアメリカやイギリスの民主主義では実現されていることであり、両国の民主政治が盤石であるのは、実はそのためである。

世に民主主義が登場して久しい。今やわれわれは、そろそろ「人柄とスキル」に頼る幼稚な手法から卒業し、民主主義という政治のシステムがもつ本来の意義、すなわち、感情的かつ有限な人間の力量に期待するのではなく、システムという非人間的な要素を活用することによって可能な限り人間の感情的かつ有限な要素を排除しつつ、社会を理性的に運営していく手法を使いこなすマテュア、すなわち成熟した民主国家の国民へと進化しなければならない時期がやってきたのである。

4　学術研究上の課題

　ところで、当然のごとく、本書では世間一般で独裁国家や権威主義国と呼ばれている非民主主義国のすべてを範疇とした議論ではないため、いずれ別の機会にそれらの国々を取り上げた業績を刊行する必要があるだろう。これは本書の第1の課題である。たとえば、現状ではまだ情報が足りずに評価が定まっていない国、最近になって民主国家から権威主義の過程を経て独裁国家への道を歩み始めた国、または、独裁国家ではあるが民主国家の陣営に組みする親米国などである。

　これに加えて、リーダーシップ学から見た各国の独裁者や権威主義国の指導者個人の分析も必要である。政治的リーダーや政治的リーダーシップの研究は国際関係理論研究とともに筆者自身のライフワークの双璧であるため、この研究テーマは個人的にも大きな宿題である(4)。実のところ、民主国家のリーダー以上に非民主主義国の指導者の方がリーダーシップ論の分析対象として成果を期待できるのは自明である。なぜなら、非民主主義体制とは究極のところ、たった1人の独裁者の絶対的な権力による統治体制だからである。これが本書の第2の課題となる。

　さらに、非民主主義国に対する非軍事的な外交戦略、なかんずく、エコノミック・ステートクラフトと呼ばれる経済的手段を用いた戦略的外交政策、特に通商政策の意義を論ずる必要もある。これは歴史上のさまざまな紛争・戦争の諸段階において、経済制裁や経済封鎖というコンセプトで表される

外交政策の一種であり、本書の第3の課題である。(5)

ただし、数々の歴史上の事例が示す通り、非民主主義国、とりわけ独裁国家に対しては、エコノミック・ステートクラフトの効果は少なくとも短期的には限界があると言わねばならない。なぜなら、もともと閉鎖的な経済体制の国に国際的な経済制裁を施行しても限定的な影響しか与えることができないのは自明の理だからである。ただし、即効性がない分、中長期的には独裁国家の構造的な弱点に対して大きなダメージを与えることは期待できる。たとえば非民主主義国のほとんどは途上国であるため、非民主主義国からの輸入を制限するばかりでなく民主国家からの輸出を制限することで、先端技術商品を購入できなくなった独裁国家が自己の産業や社会システムの運営に甚大な支障をきたすという効果がある。なぜなら、過去の歴史において新しい技術革新はほとんどもっぱら民主国家から生まれ、非民主主義国、とりわけ独裁国家は、それを模倣することしかできない場合がほとんどだからである。人間の自由な発想を抑え込む独裁主義や権威主義にイノベーションが生起しにくいこともまた自明の理である。

もちろん、この傾向は商品開発や技術革新だけでなく、学問、文化、芸術の分野の国際交流についても同様である。非民主主義国から良質な研究成果や作品が生まれないのは、そこで生息する国民に自由がないからである。人間が創造力を発揮するためには自由な思考を基づく想像力が必要であり、非民主主義国はその機会を一部の特権階級エリートにのみ与えている不平等社会なのである。

5　予想される批判への事前回答

■リーダー適格人材への期待の残余

社会の難問を解決してくれる資質やスキルをもった政治的リーダーとして活躍してくれる可能性をもった人材がまだこの国のどこかにいるのではないか？　これは多くの人々が自然に抱く期待であろう。しかし、これまでのこの国の150年以上にわたる議会主義の歴史を顧みれば、それが所詮は期待予測であり、願望に過ぎなかったことにそろそろ気づくべきではないだろうか。残念ながらそのような人材はこれまでも極めて稀少であったし、ましてや現代においてはおよそ実在しないのである。この国にはそういう資質やスキルをもった人物が政治家や官僚になりたがるインセンティブがないばかりか、そういう人材を政治家や官僚として育成するシステムもなく、たとえあっても名前と形だけの体裁に過ぎないのである。いわんや、そもそもどういう教育や指導をすればよいのかすら誰もわかっていないのである。

■政策決定の遅延という危惧

民主主義的な政策決定は迅速性や包括性に欠けるので非民主主義国にかなわないのではないか？これはある意味で正しい真理であることから、多くの独裁者たちが使う自己保身の常套句であり、つい先頃のパンデミックの際にも各所で指摘された事実である。しかし、本当に国家の命運を左右するような危機的状況における政策決定過程では、賛否の割合が平準化する傾向があるのも歴史の事例が示す通りである。要するに、最も重要な争点領域、たとえば他国からの侵略に対する防衛措置であるとか、自然災害による大規模な被害対策であるとか、国家の存亡をかけた争点に関する議論においては少なくとも全体方針としてほぼすべての場合において世論が分断することはない。よって、民主主義体制においても決定の迅速性や動員の包括性は自然に実現される。むしろそうした有事の危機管理よりも大切なことは、平素の時代にリアリズムに根ざした中庸主義と漸進主義を基盤とした堅実で着実な政策を実施し続けるために、社会の安定的な秩序を維持できるかどうかである。なぜなら、それが国民の自由と人権を守ることにもつながるからである。同時に、そのような非常時に限定された一時的かつ意図的な権威主義的もしくは独裁主義的な措置や社会状況を、果たして誰が、いつ、いかなる基準で、いかなる段階的手順をもって通常の民主主義体制へ回帰させていくのかのプログラムを、事前にしっかりと準備しておくことが重要である。

▒玉虫色の政策決定への危惧

対立する利益集団の双方の意見に配慮することによって、効果的かつ明確な政策を出しにくくなってしまうのではないか？　これもまた、政治過程における民主主義の弱点として指摘すべき要素の一つである。しかし、すでに随所で見たように、社会問題にはさまざまな利害関係が絡み、その複雑さに対処するための最善の方法は漸進主義であり、中庸主義である。また、民主主義の本質はそもそも国民の自由と人権の擁護およびそのための土台となる秩序の維持であり、この最大の目的を達成するためには、特定の集団だけが利益を得る利権構造の発生を防止することが必要である。したがって、全体的な政策の成果が限定的であることはある程度容認されるべきであろう。

政権の萎縮効果への危惧

いつ権力を喪失するかわからないという緊張感が、逆に政策論議の萎縮効果を招くのではないか？ もちろん与野党の勢力が拮抗すれば、お互いにそれぞれ政権の喪失と奪取の可能性が高まるため、慎重になり、萎縮効果が出ると指摘する向きも多いであろう。しかし、むしろこれこそが現実的かつ着実に世の中をよくするための民主主義的な政策決定の本質そのものであり、萎縮はすなわち堅実な熟慮を意味する。それよりも、むしろ利権の偏重を背景とした為政者の独断専行の防止を優先課題とするべきである。要するに、権力的地位にある人々を傲慢にさせるよりも、むしろ萎縮させた方が国民の利益を守るためにはマシだというわけである。

分断国家と格差社会への危惧

上級国民たるエリート層と庶民との間の政治意識の乖離が、国家の分断や格差を促進するのではないか？ こういう疑問は、いかにも世間で良識派ぶった人々から指摘されそうなもっともらしいご意見ではある。しかし、そもそも国力の源泉とは、政治、経済、産業、文化などのさまざまな領域でのカウンターベイリング・パワー、すなわち、最強の勢力に対する最強のライバルが国内勢力として共存している状況にある。両者が常に双方を批判しながら切磋琢磨するからに他ならない。

たとえば、アメリカは世界最強の企業集団を有するが、同時にこの国にはその最大のライバルたる世界最強の労働組合が共存している。こうした事例に鑑みれば、与党の地位を常に脅かす野党の存在なくしては与党の切磋琢磨は成されず、よって民主主義は安定せず、国民の利益の保護も国力の増進も期待できない。そもそも国家や社会とはさまざまな利害関係の人々が共存する複合社会であるから、もともと分断しているものであるという現実をそろそろ受け入れるべきであろう。それを一つの論理や考え方で統一したり統制したりしようとする考え方自体が、最も危険であり間違っている。なぜなら、それは独裁化の第一歩、すなわち、権威主義の罠だからである。

▒伝統へのノスタルジーという障害

従来の成功体験への固執が国民の意識改革の障害とならないか？　こちらもまた、いかにも団塊世代のお年寄り連中が言いそうな陳腐な批判である。しかし、時間の推移と共に世代交代が進めば人心の変化が促され、もはや時代も環境もこれまでとは異なる新しい世の中であることをきちんと認識した国民が多数派となっていく状況となり、社会や組織の構造そのものも少しずつではあるが変革され、そのための意識改革が必要であるという認識が浸透していくであろう。なぜなら、時代遅れのままでいれば国力は減退し、国民生活も困窮し、多くの人々が危機感を抱く状況が噴出するからである。

実現可能性への懐疑

「49対51の原則」という人数配分をどうやって実現するのか？　これこそは最大の課題である。言うまでもなく、国民の政治意識がリアリズムに基づく中庸主義や漸進主義の考え方へと成長すれば、その実現可能性は高まるはずである。また、そうした国民の多数派からの要望が出てくれば、IT技術を駆使した新しい投票の手法が開発される可能性もあるだろう。しかし、その段階に至る前提として、国民の多くが自分たちの自由と人権を守り、社会の秩序を維持し、国力を増大させ、豊かな生活水準を獲得するには、以下の3つの事実をしっかりと認識することが必須となる。すなわち、第1に、政治家たちの人間的要素、すなわち、人格やスキルに期待する従来の思考から卒業しなければならないということ。第2に、民主主義を守るためにはあくまでも数の論理に基づいて投票しなければならないということ。第3に、「49対51の原則」に則した与野党の議席配分がその答えであるということに他ならない。

いずれにしても、果たしてこの投票結果を実現できるかどうかは、ひとえにわれわれ国民が民主主義の本質を理解し、それを基に投票することができるかどうかにかかっている。その意味で、民主主義を守るためには、すべての有権者が正しい選好で投票しなければならない。そして、国民にこのような知識を広めるために、われわれ学者だけでなく、弁護士、メディア、ジャーナリズム、評論家、コメンテイターなど、広く国民の良識を育てる作業に影響を与える職種の人々を挙げての啓蒙活動が不可欠である。言うまでもなく、この仕事は容易ではない。従来の固定観念に対する全面否定を目論んだ挑戦だからである。また、普及する側だけでなくされる側の国民にも大きな労苦を強いることになる。

しかし、この作業は、今の時代に生きるわれわれが歴史から与えられた使命である。現状のような民主主義の危機の時代にあって、その再生の担い手になるという世界史的な役割を課せられたことを、われわれはむしろ誇りに思うべきであろう。なぜなら、この「49対51の原則」もしくはそれに準ずる状況を実現しない限り民主主義に未来はないからである。

なお、補足するが、この数値はもちろん厳密なものではなく、できるだけ近似値、すなわち「45対55」ぐらいから「40対60」ぐらいであれば許容範囲となる。この数値であれば、特定の政策をめぐって劣勢の側は敵陣営から5～10人を抱き込めば同数となり、さらに1人増やして6～11人であれば逆転できるからである。

6　総　括

最後に、ここで提示した民主主義再生への提言をまとめて再録しておかねばならない。そこでまず、われわれは、人間、社会、国家、国際関係などに関する以下のような5つの認識を固定観念、すなわち、常識として抱いてきたが、それがいずれも誤解であることを検討した。すなわち、インパクトで世の中は変わるという誤解、立派な人間を政治家に選ぶべきだという誤解、人間の能力によってすべての難問を解決できるという誤解、みんなで決めると成功するという誤解、そして、安定政権が民意を実現するという誤解であった。

しかしながら、社会も国家も国際関係もインパクトによって変わることはなかった。また、立派な人間は政治家の資質とはなり得ず、人間の力には限界がある。さらに、往々にしてみんなで決めるとうまくいかないが、むしろ失敗に諦めをつけて秩序を維持し、国民の自由と人権を守るのが民主主義の本質であった。また、安定政権は政治家が権力に驕り国民のためにならない。以上、こうした一連の事実が判明し、その誤解を正さねばならないことを自覚した。

また、こうした誤解の代償は、民主主義の崩壊であり、独裁主義や権威主義などの非民主主義の風潮の侵蝕、蔓延であった。さらに、これらの誤解の本質は、われわれが社会の難問に対処する場合に有能なスキルをもつ一部の人々の技量に頼ろうとする甘えを生み出し、その結果、有能なリーダーによる強力なリーダーシップを望む社会風潮を生み出すこととなった。しかし、これは換言すれば、独裁者による独裁政治、少数の統治エリートによる権威主義など、いわゆる非民主主義を望むことと同義であった。

さらに、以上の反省から、われわれが民主主義を守り、自己の自由と平等を実現するためにすべき行動は、急激に社会を変革することに危機感をもちながら、むしろ中庸主義と漸進主義を両輪とするリアリズムをこそ価値判断の基準として設定しつつ、政権派と反政権派の勢力が拮抗する選挙結果を招くような投票行動を心がけ、特定の勢力に他の勢力を圧倒するような力をもたせないことであった。

最後に、それは、与野党の勢力分布でも与党内の派閥の勢力分布でもかまわない。こうした政治の「状況」が民主主義という政治の「構造」を守るために必要な唯一にして絶対にして最高の原則となる。この「49対51の原則」を実現することにより、政治家に自己の権力的地位の保全に関して常に危機感をもたせ、彼ら彼女らに少なくとも国民に資する政治成果を上げるための努力をさせることができるわけである。要するに、われわれが民主主義を守るためには、こうした投票行動ができるか否かにかかっている。それはできるかできぬかではなく、どうしてもやらねばならない課題であると言える。その実現のために、われわれの頭上には更なる難問が降りかかることとなるが、それを克服してこその強靭な民主主義の砦を築くための努力を惜しんではならない。

今や全世界の国家の４分の３以上が非民主主義国であり、全世界の人口の80パーセント以上はそうした国の国民である。われわれ民主国家は、圧倒的な少数派としての劣勢にある。したがって、非民主国家からの挑戦を受ける民主国家が、その挑戦を退けて民主主義を守るためには、自らの利点とともに弱点をより明確かつ的確に自覚した上で、その是正に努める努力が必要なのである。

最も重要なことは、われわれが、かくも手間と費用のかかる民主主義を守るために尽力するのは、ひとえに、自らの自由と人権を守るためであることを改めてしっかりと認識することに他ならない。もしわれわれが、もっと安価で手っ取り早い統治を望むなら、権威主義や独裁主義の国家になればよい。しかし、それは自由と人権を犠牲にする政治体制である。人類の進化を可能とする新しい発想は、すべて自由な気風の中でのみ生まれてきた。自由がなければ平等や公正はなく、公正なくしては人権もあり得ない。そして、自由とは、ただ何もせずに放ったらかしに自然発生するものではない。それどころか、われわれは自由を作り出し、守るために不断の努力をし続けなければならない。その努力とは、民主主義を守ることである。そのためにわれわれは多くの費用と労苦を負担しなければならないが、自由や人権を剝奪されることとは比較にならない恩恵がある。なぜなら、そこには人類の未来があり、希望がある。人類の進化のすべては、自由な社会と気風の中から生まれてきた。この偉大な先達が作り上げ、われわれが受け継いだかけがえのない民主主義を子孫に継承させていくことは、われわれの唯一にして絶対にして最大の責務である。本書が、その責務を果たす契機の一つとなることを願う。

注

（1）たとえば川上・石井（2022）は、インパクトで世の中は変わらないと指摘した業績の一つである。

（2）ガルブレイス（2006）は、消費者の需要を満たすために商品が供給されるのではなく、企業が提供する商品の宣伝や広告によって消費者の欲望がかき立てられる依存効果（dependence effect）を指摘したが、その背景には株主や投資家として成功した富裕層の人口が増加した豊かな社会の到来が必要であった。

（3）　政治家にふさわしい資質とは何かという問題意識から、政治的リーダーの類型や政治的リーダーシップの類型とそれぞれの特徴を展開した業績として、石井（2004）がある。

著者紹介

石井貫太郎（いしい・かんたろう）

1961年，東京都生まれ。1990年，慶應義塾大学大学院法学研究科政治学専攻後期博士課程修了（法学博士）。現在，目白大学社会学部教授および目白大学大学院国際交流研究科教授。

『現代国際政治理論』（ミネルヴァ書房），『21世紀の国際政治理論』（ミネルヴァ書房），『現代の政治理論』（ミネルヴァ書房），『国際政治分析の基礎』（晃洋書房），『リーダーシップの政治学』（東信堂）など，政治学，政治経済学，国際関係論に関する著書，論文多数。

日本音楽著作権協会（出）許諾第2406054-401号

非民主主義の政治学

2024年10月30日　初版第1刷発行　〈検印省略〉

定価はカバーに
表示しています

著　者　石井貫太郎
発行者　杉田啓三
印刷者　江戸孝典

発行所　株式会社　ミネルヴァ書房
607-8494 京都市山科区日ノ岡堤谷町1
電話代表 (075)581-5191
振替口座 01020-0-8076

共同印刷工業・新生製本

ISBN978-4-623-09778-4
Printed in Japan

人名索引

事項索引

参考文献

邦語文献（著者50音順）

［１］青木昌彦『体制転換』（有斐閣，1992年）

［２］足立幸男『政策と価値』（ミネルヴァ書房，1991年）

［３］青山吉信・今井宏『新版・概説イギリス史』（有斐閣，1991年）

［４］阿部斉『デモクラシーの論理』（中央公論社，1973年）

［５］――――『現代政治と政治学』（岩波書店。1989年）

［６］――――『概説・現代政治の理論』（東京大学出版会，1991年）

［７］――――・有賀弘・斎藤真『政治――個人と統合』（東京大学出版会，1967年）

［８］――――・内田満『現代政治学小辞典』（有斐閣，1978年）

［９］――――・――――・高柳先男（編）『現代政治学小辞典（新版）』（有斐閣，1999年）

［10］アレン琴子「新興国・途上国が米国ではなく中国を支持する３つの理由」『livedoor news』（2022年６月26日）。

［11］池本清『国際経済学の研究』（有斐閣，1980年）

［12］石井貫太郎『現代国際政治理論』（ミネルヴァ書房，1993年）

［13］――――『国際政治分析の基礎』（晃洋書房，1993年）

［14］――――『リーダーシップの政治学』（東信堂，2004年）

［15］――――『21世紀の国際政治理論』（ミネルヴァ書房，2016年）

［16］――――（編著）『国際政治の変容と新しい国際政治学』（志學社，2020年）

［17］――――「パンデミックとプロパガンダ社会」川上高司・石井貫太郎（編著）『パンデミック対応の国際比較』（東信堂，2022年）総論２所収。

［18］石川滋『開発経済学の基本問題』（岩波書店，1990年）

［19］猪木武徳『経済思想』（岩波書店，1987年）

［20］猪木正道『独裁の政治思想』（角川ソフィア文庫，2019年）

[21] 今村仁司『現代思想の基礎理論』(講談社，1992年)
[22] 岩間徹『ヨーロッパの栄光』(河出書房新社，1990年)
[23] 内田満編『政治過程』(三嶺書房，1986年)
[24] 梅川正美・阪野智一・力久昌幸（編著)『現代イギリス政治（第２版)』(成文堂，2014年)
[25] 衛藤藩吉・公文俊平・平野健一郎・渡部昭夫『国際関係論（第２版)』(東京大学出版会，1989年)
[26] 大芝亮「世界銀行の政策決定と国際政治の構造変化」一橋大学法学部編『法学研究』(第22号，1991年)
[27] ――――『国際組織の政治経済学』(有斐閣，1994年)
[28] 大野健一『市場移行戦略』(有斐閣，1995年)
[29] 岡澤憲芙『政党』(東京大学出版会，1988年)
[30] 岡本浩一『権威主義の正体』(PHP 研究所，2004年)
[31] 奥野正寛『現代経済学のフロンティア』(日本経済新聞社，1990年)
[32] 蒲島郁夫『政治参加』(東京大学出版会，1988年)
[33] 川田侃『帝国主義と権力政治』(東京大学出版会，1963年)
[34] 北野唯我『天才を殺す凡人』(日本経済新聞出版部，2019年)
[35] 木村雅昭『ユートピア以後の政治』(有斐閣，1993年)
[36] 京極純一『現代民主政と政治学』(岩波書店，1969年)
[37] 日下喜一『自由主義の発展』(勁草書房，1981年)
[38] ――――『多元主義の源流』(早稲田大学出版部，1984年)
[39] ――――『現代政治学概説（増補改訂版)』(勁草書房，1986年)
[40] 久保文明・砂田一郎・松岡泰・森脇俊雅『アメリカ政治（第３版)』(有斐閣，2017年)
[41] 小泉信三『共産主義批判の常識』(講談社，1976年)
[42] 香西茂『国連の平和維持活動』(有斐閣，1991年)
[43] 高地康郎『発展途上国開発論の変遷（上・下)』日本輸出入銀行組「海外投資研究所報，第18巻５号（1992年)，第18巻７号（1992年)

[44] 小林良彰『計量政治学』(成文堂, 1985年)
[45] ――――『公共選択』(東京大学出版会。1988年)
[46] 斎藤真『アメリカ史の文脈』(岩波書店, 1981年)
[47] 佐伯胖『“きめ方”の論理』(東京大学出版会, 1980年)
[48] 佐伯啓思『“シミュレーション社会”の神話』(日本経済新聞社, 1988年)
[49] ――――『現代社会論』(講談社, 1995年)
[50] ――――『アメリカニズムの終焉』(TBS ブリタニカ, 1993年)
[51] ――――『アメリカニズムの終焉（新版)』(中央公論新社, 2014年)
[52] 坂井昭夫『軍拡経済の構図』(有斐閣, 1984年)
[53] 坂本正弘『パックス・アメリカーナの国際システム』(有斐閣, 1986年)
[54] 佐々木毅『マキャベリの政治思想』(岩波書店, 1970年)
[55] ――――『現代政治学の名著』(中央公論社, 1989年)
[56] ――――『アメリカの保守とリベラル』(講談社, 1993年)
[57] ――――・鷲見誠一・杉田敦『西洋政治思想史』(北樹出版, 1995年
[58] 白鳥令編『現代政治学の理論（上・下・続)』(早稲田大学出版部, 1981, 82, 85年)
[59] 新藤宗幸・阿部斉『現代日本政治』(東京大学出版会, 2016年)
[60] 鈴木直次『アメリカ産業社会の盛衰』(岩波書店, 1995年)
[61] 鈴木光男『人間社会のゲーム理論』(講談社, 1970年)
[62] 曽根泰教『決定の政治経済学』(有斐閣, 1983年)
[63] ――――『現代の政治理論』(日本放送協会出版部, 1989年)
[64] 曽良中清司『権威主義的人間』(有斐閣選書, 2004年)
[65] 大学教育社編『現代政治学事典』(ブレーン出版, 1991年)
[66] 田口富久治『社会集団の政治機能』(未来社, 1969年)
[67] 田中明彦『世界システム』(東京大学出版会, 1989年)
[68] 辻中豊『利益集団』(東京大学出版会, 1988年)
[69] 中村政則『経済発展と民主主義』(岩波書店, 1993年)
[70] 西田慎・近藤正基（編著)『現代ドイツ政治』(ミネルヴァ書房, 2014年)

[71] 西平重吉『比例代表制』(中央公論社, 1981年)
[72] 西村貞二『マキャベリズム』(講談社, 1991年)
[73] 花井等『現代外交政策論』(ミネルヴァ書房, 1974年)
[74] ――――『現代国際関係論(増補版)』(ミネルヴァ書房, 1987年)
[75] 原洋之助『アジア経済論の構図』(リブロポート, 1992年)
[76] 福岡正夫『入門経済学』(日本経済新聞社, 1986年)
[77] 藤原保信『20世紀の政治理論』(岩波書店, 1991年)
[78] ――――『自由主義の再検討』(岩波書店, 1993年)
[79] 本田弘『政治理論の構造』(勁草書房, 1982年)
[80] 松本健一『日本が開く"世界新秩序"』(徳間書店, 1992年)
[81] 丸山真男『現代政治の思想と行動(増補版)』(未来社, 1964年)
[82] 宮川公男『政策科学の基礎』(東洋経済新報社, 1994年)
[83] 三宅一郎『投票行動』(東京大学出版会, 1989年)
[84] ――――(編著)『合理的選択の政治学』(ミネルヴァ書房, 1981年)
[85] 三宅正樹『ヒトラーと第二次世界大戦』(清水書院, 1984年)
[86] 宮崎勇『軍縮の経済学』(岩波書店, 1964年)
[87] 村上泰亮『反古典の政治経済学』(中央公論社, 1992年)
[88] 毛利健三『自由貿易帝国主義』(東京大学出版会, 1978年)
[89] 文部省『民主主義』(角川ソフィア文庫, 2018年)
[90] 薬師寺泰蔵『テクノヘゲモニー』(中央公論社, 1989年)
[91] 山川勝巳『政治体系論』(有信堂, 1968年)
[92] ――――『政治学概論(第二版)』(有斐閣, 1993年)
[93] 山口定『政治体制』(東京大学出版会, 1989年)
[94] 山本圭『現代民主主義』(中央公論新社, 2021年)
[95] 山本雅男『ヨーロッパ"近代"の終焉』(講談社, 1992年)
[96] 山本吉宣『国際的相互依存』(東京大学出版会, 1988年)
[97] 吉田和男『冷戦後の世界政治経済』(有斐閣, 1992年)
[98] 渡部福太郎『世界経済の分裂と統合』(有斐閣, 1994年)

翻訳文献（著者アルファベット順）

[99] アドルノ，T.（田中義久・矢澤修次郎訳）『権威主義的パーソナリティー』（青木書店，1998年）

[100] アリソン，G. T.（宮里政玄訳）『決定の本質』（中央公論社，1977年）

[101] アーモンド，G. A.（内山秀夫・川原彰・佐治孝夫・深沢民夫訳）『現代政治学と歴史認識』（勁草書房，1982年）

[103] アンダーソン，B.（白石隆・白石さや訳）『想像の共同体（増補版）』（NTT出版，1997年）

[104] アレント，H.（志水速夫訳）『人間の条件』（中央公論社，1973年）

[105] ――――（志水速夫訳）『革命について』（中央公論社，1975年）

[106] アーブラスター，A.（渋谷浩・中金聡訳）『民主主義』（昭和堂，1991年）

[107] アロー，K.（長名寛明訳）『社会的選択と個人的評価』（日本経済新聞社，1977年）

[108] バーリン，I.（小川晃一・小池銈・福田歓一・生松敬三訳）『自由論』（みすず書房，1971年）

[109] ベルンシュタイン，E.（佐瀬昌盛訳）『社会主義の諸前提と社会民主主義の任務』（ダイヤモンド社，1974年）

[110] ブーアスティン，J.（橋本富郎訳）『現代アメリカ社会』（世界思想社，1990年）

[111] ボットモア，T. B.（綿貫譲治訳）『エリートと社会』（岩波書店，1965年）

[112] カー，E. H.（清水幾太郎訳）『危機の20年』（岩波書店，1952年）

[113] ――――（大窪原二訳）『ナショナリズムの発展』（みすず書房，1952年）

[114] ――――（清水幾太郎訳）『新しい社会』（岩波新書，1953年）

[115] チャールスワース，J. C.（編）（田中靖政・武者公路公秀編訳）『現代政治分析（I, II, III）』（岩波書店，1971年）

[116] コーンハウザー，W.（辻村明訳）『大衆社会の政治』（東京創元社，1961年）

[117] ――――（小林昭三・石田光義訳）『政府論の歴史とモデル」（早稲田大学出版部，1977年）

[118] クリック，B.（前田康博訳）『政治の弁証』（岩波書店，1969年）
[119] ダール，R.（内山秀夫訳）『民主主義理論の基礎』（未来社，1970年）
[120] ――――（高畠通敏・前田脩訳）『ポリアーキー』（三一書房，1979年）
[121] ――――（河村望・高橋和宏訳）『統治するのはだれか』（行人社，1988年）
[122] ダーレンドルフ，R.（天野亮一訳）『なぜ英国は失敗したか？』（TBS ブリタニカ，1984年）
[123] ――――（岡田舜平訳）『ヨーロッパ革命の考察』（時事通信社，1991年）
[124] ――――（加藤秀次郎訳）『激動するヨーロッパと新秩序』（TBS ブリタニカ，1992年）
[125] ダイヤモンド，L.（市原麻衣子訳）『侵食される民主主義―内部からの崩壊と専制国家の攻撃（上・下）』（勁草書房，2022年）
[126] デューイ，J.（阿部斉訳）『現代政治の基礎――公衆とその諸問題』（みすず書房，1969年）
[127] ダウンズ，A.（吉田精司訳）『民主主義の経済理論』（成文堂，1980年）
[128] イーストン，D.（岡村忠夫訳）『政治分析の基礎』（みすず書房，1968年）
[129] ――――（山川勝巳訳）『政治体系』（ぺりかん社，1976年）
[130] フレヴニューク，O. V.（石井規衛訳）『スターリン――独裁者の新たなる伝記』（白水社，2021年）
[131] フランツ，E.（上谷直克・今井宏平訳）『権威主義――独裁政治の歴史と変貌』（白水社，2021年）
[132] フリードマン，M.／R. フリードマン（西山千明訳）『選択の自由』（日本経済新聞社，1980年）
[133] フロム，E.（日高六郎訳）『自由からの逃走』（東京創元社，1952年）
[134] フクヤマ，F.（渡部昇一訳）『歴史の終わり』（三笠書房，1992年）
[135] ガルブレイス，J. K.（新川健三郎訳）『アメリカの資本主義』（TBS ブリタニカ，1952年）
[136] ――――（山本七平訳）『権力の解剖―条件づけ権力』（日本経済新聞出版部，1984年）

[137] ――――（鈴木哲太郎訳）「豊かな社会（第四版）』（岩波書店，1990年）

[138] ギルピン，R.（佐藤誠三郎・竹内透監訳）『世界システムの政治経済学』（東洋経済新報社，1990年）

[139] グラムシ，A.（山崎功監修）『アメリカニズムとフォード主義』（合同出版，1962年）

[140] ――――（石堂清倫・前野良編訳）『現代の君主』（青木文庫，1964年）

[141] バブルボーム，A.（三浦元博訳）『権威主義の誘惑――民主政治の黄昏』（白水社，2021年）

[142] ハルバースタム，D.（浅野輔訳）『ネクスト・センチュリー』（TBS ブリタニカ，1991年）

[143] ハーツ，L.（有賀貞訳）『アメリカ自由主義の伝統』（講談社，1994年）

[144] ハーバーマス，J.（三島憲一編訳）『遅ればせの革命』（岩波書店，1992年）

[145] ヘーゲル，G. W. F.（長谷川宏訳）『歴史哲学講義（上・下）』（岩波書店，1994年）

[146] ハーシュマン，A. O.（三浦隆之訳）『組織社会の論理構造』（ミネルヴァ書房，1975年）

[147] ホブズボウム，E.（安川悦子・水田洋訳）『市民革命と産業革命』（岩波書店，1968年）

[148] ホフマン，S.（天野恒雄訳）『フランス現代史(2)政治の芸術家ド・ゴール』（白水社，1977年）

[149] ホイジンガ，J.（橋本富郎訳）『アメリカ文化論』（世界思想社，1989年）

[150] ホルクハイマー，M.（清水多吉編訳）『権威主義的国家』（紀伊國屋書店，2003年）

[151] ハイエク，F. A.（田中真晴・田中秀夫編訳）『市場・知識・自由』（ミネルヴァ書房，1986年）

[152] ――――（気賀健三・古賀勝次郎訳）『自由の条件』（春秋社，1986年）

[153] ――――（西山千明訳）『隷従への道・ハイエク全集(1)別巻』（春秋社，2008年）

[154] ケナン，G.（近藤晋一編訳）『アメリカ外交50年』（岩波書店，1952年）
[155] ケネディ，P.（鈴木主税訳）『大国の興亡』（草思社，1988年）
[156] ラフィーバー，W.（久保文明編訳）『アメリカの時代』（芦書房，1992年）
[157] ラスキ，H. J.（日高明三・横越英一訳）『政治学大綱』（法政大学出版局，1938年）
[158] ―――（横越英一訳）『政治学入門』（東京創元社，1965年）
[159] ラズウェル，H. D.（永井陽之助訳）『権力と人間』（東京創元社，1954年）
[160] レイプハルト，A.（内山秀夫訳）『多元社会のデモクラシー』（三一書房，1979年）
[161] レーニン，V. I.（宇高基輔訳）『帝国主義論』（岩波書店，1956年）
[162] リンゼイ，A. D.（永岡薫訳）『民主主義の本質（増補版）』（未来社，1992年）
[163] リンス，J. J.（横田正顕訳）『民主体制の崩壊―危機・崩壊・再均衡』（岩波文庫，2020年）
[164] ―――（高橋進・睦月規子・村上智章・黒川敬吾・木原滋哉訳）『全体主義体制と権威主義体制』（法律文化社，1995年）
[165] リースマン，D.（加藤秀俊訳）『孤独な群衆』（みすず書房，1964年）
[166] リップマン，W.（掛川トミ子訳）『世論（上・下）j（岩波書店，1987年）
[167] リプセット，S. M.（内山秀夫訳）『』政治の中の人間』（創元新社，1963年）
[168] マキアヴェリ，N.（永井三明訳）『政略論』（中央公論社，1979年）
[169] マルクス，K. F. エンゲルス（大内兵衛・向坂逸郎訳）『共産党宣言』（岩波書店，1957年）
[170] メリアム，C. E.（斎藤真・有賀弘訳）『政治権力（上・下）』（東京大学出版会，1973年）
[171] ミヘルス，R.（広瀬英彦訳）『政党政治の社会学』（ダイヤモンド社，1975年）
[172] ―――（森博・樋口晟子訳）『現代民主主義における政党の社会学――集団活動の寡頭制的傾向についての研究』（木鐸社，1990年）

[173] ミルグラム，S.（山形浩生訳）『服従の心理』（河出書房新社，2008年）
[174] ミル，J. S.（早坂忠訳）『自由論』（中央公論社，1967年）
[175] ミルズ，C. W.（鵜飼信成・綿貫譲治訳）『パワー・エリート（上・下）』（東京大学出版会，1958年）
[176] ムーア，B.（宮崎隆次訳）『独裁と民主政治の社会的起源――近代世界形成における領主と農民（上・下）』（岩波文庫，2019年）
[177] モデルスキー，G.（浦野起央・信夫隆司訳）『世界システムの動態』（晃洋書房，1991年）
[178] ムーア，B.（宮崎隆次・森山茂徳・高橋直樹訳）『独裁と民主政治の社会的起源』（岩波書店，1987年）
[179] モーゲンソー，H. J.（現代平和研究会訳）『国際政治』（福村出版，1986年）
[180] モスカ，G.（志水速夫訳）『支配する階級』（ダイヤモンド社，1973年）
[181] ノイマン，G.（岩永健吉郎・岡義達・高木誠訳）『大衆国家と独裁――恒久の革命』（みすず書房，1998年）
[182] ノース，D. C.／R. P. トマス（速水融・穐本洋哉訳）『西欧世界の勃興（増補版）』（ミネルヴァ書房，1994年
[183] ノージック，R.（島津格訳）『アナーキー・国家・ユートピア（上・下）』（木澤社，1985・89年）
[184] ナイ，J. S.（久保伸太郎訳）『不滅の大国アメリカ』（読売新聞社，1990年）
[185] オルソン，M.（依田博・森脇俊雅訳）『集合行為論』（ミネルヴァ書房，1983年）
[186] オルテガ，J.（A・マタイス・佐々木孝訳）『個人と社会』（白水社，1989年）
[187] パイ，L.『エイジアン・パワー』（大修館書房。1995年）
[188] パリイ，G.（中久郎監訳）『政治エリート』（世界思想社，1982年）
[189] パレート，V.（川崎嘉元訳）『エリートの周流』（垣内出版，1975年）
[190] ラパポート，A.（関寛治編訳）『現代の戦争と平和の理論』（岩波書店，1966年）
[191] ロールズ，J.（矢島鈞次監訳）『正義論』（紀伊国屋書店，1979年）

[192] ライシュ，R. B.（中谷巌訳）『ザ・ワーク・オブ・ネーションズ』（ダイヤモンド社，1991年）
[193] リースマン，D.（加藤秀俊訳）『孤独な群集』（みすず書房，1964年）
[194] ローズクランス，R.（土屋政雄訳）『新貿易国家論』（中央公論社，1987年）
[195] サルトーリ，G.（岡澤憲芙・川野秀之訳）『現代政党学（I. II）』早稲田大学出版部，1980年）
[196] シャープ，G.（三石善吉訳）『市民力による防衛・力に頼らない社会』（法政大学出版局，2016年）
[197] ――――（龍口範子訳）『独裁体制から民主主義へ・権力に対抗するためのテキスト』（筑摩書房，2012年）
[198] シュレジンガー，A.（大前正臣訳）『信頼の崩壊』（読売新聞社，1969年）
[199] ――――（猿谷要監修，飯野正子・斎村宏子訳）『アメリカ史のサイクル』（パーソナルメディア，1988年）
[200] ――――（都留重人監訳）『アメリカの分裂』（岩波書店，1992年）
[201] シュミット，C.（田中浩・原田武雄訳）『独裁――近代主権論の起源からプロレタリア階級闘争まで』（未来社，1991年）
[202] シュンペーター，J.『資本主義・社会主義・民主主義』（東洋経済新報社，1968年）
[203] ――――（塩野谷祐一・中山一郎・東畑精一訳）『経済発展の理論（上・下）』（岩波書店，1977年）
[204] サイモン，H.（松田武彦・斎柳暁・ニ村敏子訳）『経営行動』（ダイヤモンド社，1965年）
[205] スミス，A.（大内兵衛・松川七郎訳）『諸国民の富』（岩波書店，1975年）
[206] ――――（水田洋訳）『道徳感情論』（筑摩書房，1973年）
[207] スペロ，J. E.（小林陽太郎他訳）『国際経済関係論』（東洋経済新報社，1990年）
[208] スティール，R.（浅野輔訳）『現代史の目撃者―リップマンとアメリカの世紀（上・下）』（TBS ブリタニカ，1982年）

[209] ストレンジ，S.（西川潤・佐藤元彦訳）『国際政治経済学入門』（東洋経済新報社，1994年）
[210] トクヴィル，A.（井伊玄太郎訳）『アメリカの民主政治』（講談社，1972年）
[211] ヴェーバー，M.（脇圭平訳）『職業としての政治』（岩波書店，1980年）
[212] ――――（大塚久雄訳）『プロテスタンティズムの倫理と資本主義の精神』（岩波書店，1989年）
[213] ヴァーバ，S., N. H. ナイ，J. キム（三宅一郎・蒲島郁夫・小田健訳）『政治参加と平等』（東京大学出版会，1981年）
[214] ウォーラス，G.（石上良平・川口浩訳）『政治における人間性』（創文社，1958年）
[215] ウォーラースティン，I.（川北稔訳）『史的システムとしての資本主義』（岩波書店，2022年）
[216] ――――（日南田静真訳）『資本主義世界経済（１・２）』（名古屋大学出版会，1987年）
[217] ウイーアルダ，H. J.（編）（大木啓介・大石裕・佐藤治夫・桐谷仁訳）『比較政治学の新動向』（東信堂，1988年）
[218] ウィリアムソン，O. E.（浅沼萬理訳）『市場と企業組織』（日本評論社，1975年）

英文文献（筆頭著者アルファベット順）

[219] Axelrod, R., *The Evolution of Cooperation,* Basic Books, 1984.
[220] Bull, H., *The Anarchical Society,* Macmillan, 1977.
[221] Chenery, H., T. Srinivasan, eds., *Handbook of Development Economics,* Vols. I & II, Elsevier Science Publisher, 1988.
[222] Destler, I. M., *Presidents, Bureaucrats, and Foreign Policy,* Princeton University Press, 1972.
[223] Deutsche, K. W., *The Analysis of International Relations,* 2nd ed., Prentice-Hall, 1978.

[224] Frank, A. G., *Latin America : Underdevelopment or Revolution,* Monthly Review Press, 1969.

[225] ———, *Capitalism and Underdevelopment in Latin America,* Monthly Review Press, 1969.

[226] Frey, B. S., *International Political Economics,* Basil-Blackwell, 1984.

[227] Gilpin, R., *War and Change in World Politics,* Cambridge University Press, 1981.

[228] Haas, E. B., *Beyond the Nation State,* Stanford University Press, 1964.

[229] Huntington, S., *Political Order and Changing Societies,* Yale University Press, 1968.

[230] ———, *The Third Wave : Democratization in the Late Twentieth Century,* University of Oklahoma Press, 1991.

[231] IMF, *IMF Survey,* September 30, 1991.

[232] ———, *International Financial Statistics Yearbook,* Vol. 1, XLV, 1992.

[233] Jervice, R., *Perception and Misperception in International Politics,* Princeton University Press, 1976.

[234] ———, "Co-operation Under the Security Dilemma," *World Politics,* Vol. 30, No. 1, 1978.

[235] Keohane, R. O., *After Hegemony : Cooperation and Discord in the World Political Economy,* Princeton University Press, 1984.

[236] ———, *International Institutions and State Power,* Westview Press, 1989.

[237] ———, J. S. Nye, *Power and Interdependence,* Little, Brown and Co., 1977.

[238] ———, S. Hoffmann, eds., *After the Cold War : International Institutions and Strategies in Europe, 1989-91,* Cambridge University Press, 1993.

[239] Krasner, S. D., *Structural Conflict : The Third World Against Global*

Liberalism, University of California Press, 1985.

[240] Kornai, J., *The Road to Free Economy,* W. W. Norton and Co., 1990.

[241] Lindblom, C. E., *The Policy Making Process,* Prentice-Hall, 1968.

[242] Linz, J. J., "Totalitarianism and Authoritalian Regimes," in F. I. Greenstein, N. W. Polsby, eds., *Handbook of Political Science,* Vol. 3, Addison-Wesley, 1975.

[243] OECD, *Directory of Non-Governmental Development Organization in OECD Member Countries,* 1990.

[244] ———, *Development Co-operation : 1991,* 1991.

[245] ———, *Geographical Distribution of Financial Flows to Developing Countries : 1992,* 1992.

[246] ———/DAC, *Development Co-operation : 1992 Report,* 1992.

[247] Organski, A. F. K., J. Kugler, *The War Ledger,* University of Chicago Press, 1980.

[248] Przeworski, A., *Democracy and the Market : Political and Economic Reforms in Eastern Europe and Latin America,* Cambridge University Press, 1991.

[249] Rains, G., J. Fei, "Development Economics: What Next?" in G. Rains, T. Schultz, eds., *The State of Development Economics : Progress and Perspective,* Basil-Blackwell, 1988.

[250] Rosenau, J. N., *The Scientific Study of Foreign Policy,* Free Press, 1971.

[251] Rustow, D., "Transition to Democracy," *Comparative Politics,* Vol. 2, No. 3, 1970.

[252] Snyder, R. and Others, eds., *Foreign Policy Decision Making,* Free Press, 1962.

[253] Steinbrunner, J. D., *The Cybernetic Theory of Decision,* Princeton University Press, 1974.

[254] Stern, N., "The Economics of Development: A Survey," *The Economic*

Journal, September 1989.

[255] Thorson, S. J., D. A. Sylvan, "Counterfactual and Cuban Missile Crisis," *International Studies Quarterly,* Vol. 26, No. 1, 1982.

[256] Wallerstein, I, *The Capitalist World Economy,* Cambridge University Press, 1979.

[257] Waterbury, J., *Democracy Without Democrats ? : The Potential for Political Liberalization in the Middle East,* Mimeo, 1992.

[258] World Bank, *Sub-Saharan Africa From Crisis to Sustainable Growth : A Long Term Perspective Study,* World Bank, 1989.

[259] ———, *Adjustment Lending Policies for Sustainable Growth* (Policy and Research Series, No. 14), World Bank, 1990

[260] ———, *Governance and Development,* World Bank, 1990.

[261] ——— *World Bank Atlas : 1991,* World Bank, 1991.

[262] ———, *The World Bank Report : 1991,* World Bank, 1991.

[263] ———, *Adjustment Lending and Mobilization of Private and Public Resources for Growth,* World Bank, 1992.

[264] ———, *World Debt Tables : 1992-3,* World Bank, 1992.

[265] ———, "Aid at the End of the Cold War," *Global Economic Prospects and the Developing Countries,* World Bank, 1993.

[266] ———, *World Development Report : 1993,* World Bank, 1993.